SPANISH FOR BEGINNERS:

UN HOMBRE FASCINANTE

By Juan Fernández

Cover photo by Morena Gentili

Copyright © 2019 Juan Fernández

All rights reserved

ISBN: 9781792028953

CONTENT WARNING

This book has been carefully designed for adult learners who are starting to learn Spanish as a Foreign Language from the very beginning. Therefore, the language used in this short story has been adapted to help students revise and consolidate their grammar and vocabulary in Spanish at **level A2** on the **Common European Framework of Reference.**

Introduction

About the book

This story is the second book in a series of Spanish Easy Readers called **Spanish for Beginners**, whose aim is to help you learn Spanish from the very beginning and reach an intermediate level.

This series is carefully designed to help novice learners revise and consolidate fundamental vocabulary and basic grammar structures studied in any Spanish beginner course.

You can read the first book in this series here:

http://mybook.to/holalola

Repetition, repetition, repetition…

Repetition is key in this book: you will read the same words, the same expressions and the same grammar structures again and again.

When learning new words and new expressions in a foreign language, repetition is essential. You need to read (and hear) the same words again and again, in different contexts, in order to understand its meaning and to be able to remember them later on.

That is the reason we say this book is carefully designed to help you revise and consolidate fundamental vocabulary and basic grammar structures studied in any Spanish beginner course: you will read the same words, the same expressions and the same grammar structures again and again, in different contexts, in order to help you understand its meaning and be able to remember them later on.

Who should read this book?

This book is for adults with a beginner level of Spanish. If you are starting to learn Spanish, this short story will help you revise and consolidate the vocabulary and grammar of the **level A1 and A2** on the **Common European Framework of Reference**.

Easy Reader Stories to learn Spanish

Reading this kind of short and easy to read story (they are called "Lecturas Graduadas" in Spanish) is a very efficient and enjoyable way to learn and improve your Spanish.

The language used in these short stories has been adapted according to different levels of difficulty, and will help you revise and consolidate your grammar and vocabulary.

You can find other stories to learn Spanish by Juan Fernández on this link:

http://author.to/storiestolearnspanish

About the author

Juan Fernández teaches Spanish at University College London and is also the creator of **1001 Reasons To Learn Spanish**, a website with videos, podcasts, games and other materials to make Spanish learning interesting and enjoyable.

www.1001reasonstolearnspanish.com

CONTENTS

INTRODUCTION		7
FREE ONLINE ACTIVITIES		13
PERSONAJES		15
1	Estoy preocupado	17
2	En español, por favor	23
3	Un buen día	35
4	Un hombre maleducado	47
5	Una chica sin novio	55
6	Un chico guapo	69
7	¡Qué raro!	81
8	¡Qué vergüenza!	97
9	Un hombre fascinante	111
10	Un políglota	127
11	Cómo hacer una tortilla	145
12	No tocar esta tortilla	159
13	¡No hay papel!	169
14	La noche más triste	179
15	¡No soy yo!	189
16	Fluidez en 39 días	203
17	¿Hablas polaco?	217
18	Todavía enamorado	223
19	Un secreto	227
20	¡Qué suerte!	237
MORE STORIES TO LEARN SPANISH		255
FREE ONLINE ACTIVITIES		257
BEFORE YOU GO		259

FREE ONLINE ACTIVITIES

If you want to learn or improve your Spanish, have a look at our blog. We have many interesting activities and resources (videos, podcasts, online courses, interactive exercises, games, etc) to help you learn or improve your Spanish.

To see all these activities, please go to:

www.1001reasonstolearnspanish.com

Personajes

Estos son los personajes principales de esta historia:

William: es un chico inglés que vive en Madrid desde hace unos meses porque quiere aprender español. Es tímido y no muy guapo, pero es simpático y divertido. Sin embargo, él no quiere ser divertido: él quiere ser fascinante.

Lola: es la novia de William. Es española, pero no parece española porque es alta, rubia, tiene el pelo corto y es muy puntual. Le encantan las galletas de chocolate.

Laura: es profesora de español. Siempre llega tarde a clase y habla demasiado en inglés.

Edoardo: es un chico italiano muy guapo e inteligente que tiene mucho éxito con las chicas: todas piensan que es un hombre fascinante. William odia a Edoardo.

Borja: es un chico muy guapo que comparte piso con William y Lola. Borja habla muchos idiomas. William también odia a Borja.

Marisa: es polaca y trabaja de cajera en el supermercado del barrio. Es simpática, pero habla demasiado.

Yoko, Marie, Rosita: son estudiantes de español. Las tres están enamoradas de Edoardo.

Mariano: es el recepcionista de la escuela de español donde estudia William. Siempre lee el periódico y es un poco maleducado porque nunca saluda a William.

Julián: es el camarero del bar de la escuela de español.

El director: el director de la escuela de español donde estudia Edoardo. Organiza un concurso de tortillas de patatas entre los estudiantes de español.

Inspector Gálvez: es un policía muy serio. Quiere descubrir quién ha robado el papel higiénico.

1. Estoy preocupado

Estoy muy preocupado. **Hoy ha pasado algo terrible**.

Esta mañana me he levantado temprano. Normalmente me levanto tarde, pero **hoy me he levantado temprano**. ¿Por qué? ¿Por qué me he levantado temprano hoy? Pues, porque hoy es miércoles y **los miércoles tengo que ir a clase de español**. **Voy a clase una vez a la semana**.

Esta semana hemos estudiado el pretérito perfecto. Laura, la "profe", nos ha dicho que el pretérito perfecto es muy útil porque **ahora podemos hablar de lo que hemos hecho, no solo de lo que hacemos normalmente**.

Laura tiene razón. El pretérito perfecto está bien, es útil. Por ejemplo, ahora puedo decir que yo esta mañana me he levantado temprano. Normalmente me levanto tarde, pero hoy me he levantado temprano.

El pretérito perfecto está bien, es útil. También puedo decir, por ejemplo, que **normalmente mi vida en Madrid es un poco aburrida**, que **nunca pasa nada**, pero que hoy ha pasado algo terrible.

Esta mañana me he levantado a las ocho y media de la mañana, más o menos. Eso para mí es temprano porque **normalmente no me levanto hasta las nueve** o nueve y media de la mañana. Después me he duchado, me he lavado los dientes, me he afeitado y me he vestido. Luego he ido a la cocina para preparar el desayuno.

Y ha sido allí, sobre la mesa de la cocina, que he visto la nota de Lola. La terrible nota que Lola ha escrito antes de salir de casa. La terrible nota que Lola ha escrito y ha dejado sobre la mesa de la cocina antes de irse a sus clases en la universidad. **La he leído con ansiedad, con muchos nervios, casi con miedo:**

Willy, tenemos que hablar

Yo me llamo William, pero Lola me llama Willy. **No me importa**. Me gusta Willy.

He puesto la nota de Lola sobre la mesa y he hecho café. Normalmente, por la mañana tomo té. Yo soy inglés y los ingleses tomamos té. **Sin embargo**, hoy no he tomado té. Hoy he tomado café. Café solo.

Normalmente bebo té con leche. Té con leche, con mucho azúcar y galletas de chocolate. Sin embargo, hoy he tenido que tomar café solo, sin azúcar y sin galletas de chocolate, porque estos días estoy muy ocupado y **esta semana todavía no he tenido tiempo de ir al supermercado**.

Hoy es miércoles y todavía no he hecho la compra de la semana. **Normalmente hago la compra el lunes, pero esta semana todavía no la he hecho**. No he tenido tiempo

Laura, mi profe de español, tiene razón. El pretérito perfecto es muy útil. **Ahora puedo hablar de lo que ya he hecho y de lo que todavía no he hecho, no solo de lo que hago o de lo que normalmente no hago**. Por ejemplo, puedo decir que esta mañana, para desayunar, he tomado café solo, sin azúcar, sin galletas de chocolate; también puedo decir que todavía no he hecho la compra de la semana y que hoy ha pasado algo terrible.

Después de tomar el café **me he sentado en una silla de la cocina** y **he vuelto a leer la nota de Lola**: "Willy, tenemos que hablar".

He tenido miedo. Leyendo la nota de Lola, he tenido mucho miedo. Cuando tu chica te dice "tenemos que hablar", **yo ya sé lo que va a pasar después**. Cuando tu chica te dice que tiene que hablar contigo, normalmente lo que quiere decir es que **se ha cansado de estar contigo** y que **le gusta otro chico.** Lo sé por experiencia. **Ya me ha pasado antes.**

Vocabulario 1

Hoy ha pasado algo terrible. Today something terrible happened.

Hoy me he levantado temprano. Today I got up early.

Los miércoles tengo que ir a clase de español. Voy a clase una vez a la semana. On Wednesdays I have to go to Spanish class. I go to class once a week.

Laura tiene razón. Laura is right.

Normalmente mi vida en Madrid es un poco aburrida. Normally my life in Madrid is kind of boring.

Nunca pasa nada. Nothing ever happens.

Normalmente no me levanto hasta las nueve. Usually I don't get up until nine.

Y ha sido allí, sobre la mesa de la cocina, que he visto la nota de Lola. And it was there, on the kitchen table, that I saw Lola's note.

La he leído con ansiedad, con muchos nervios, casi con miedo. I read it anxiously, full of nerves, almost in fear.

"Willy, tenemos que hablar". "Willy, we have to talk."

No me importa. I don't mind.

Sin embargo. However

Esta semana todavía no he tenido tiempo de ir al supermercado. This week I haven't had time to go to the supermarket yet.

Normalmente hago la compra el lunes, pero esta semana todavía no la he hecho. I usually buy groceries on Monday, but this week I still haven't done it (yet).

Ahora puedo hablar de lo que ya he hecho y de lo que todavía no he hecho, no solo de lo que hago o de lo que normalmente no hago. Now I can talk about what I've already done and about what I haven't done yet, not just about what I normally do or don't do.

Me he sentado en una silla de la cocina. I sat down on a chair in the kitchen.

He vuelto a leer la nota de Lola. I read the note from Lola again.

Yo ya sé lo que va a pasar después. I already know what's going to happen next.

Se ha cansado de estar contigo. She's gotten tired of being with you.

Le gusta otro chico. She likes another guy.

Ya me ha pasado antes. It's happened to me before.

2. En español, por favor

Como ya he dicho antes, voy a clase de español **una vez a la semana,** los miércoles. Me gusta ir a clase de español. Me gusta mucho mi profesora. Mi profesora se llama Laura. Laura es joven, guapa y muy inteligente.

En general me gustan mucho las clases de Laura, pero hay dos cosas que no me gustan:

1. **Laura llega tarde a clase a menudo.** Es muy impuntual. Mis compañeros de clase dicen que es normal. Mis compañeros de clase dicen que Laura es española y que **los españoles siempre llegan tarde a las citas.**

Sin embargo, Lola dice que NO es normal. Lola dice que ella también es española y que, sin embargo, nunca llega tarde a las citas. También dice que si eres profesor no puedes llegar tarde. Si eres profesor no puedes llegar a clase después de tus estudiantes: **tienes que llegar antes.**

Lola tiene razón. Los profesores tienen que llegar a clase antes que sus estudiantes. Además, Lola es española y sin embargo ella nunca llega tarde a las citas. Lola es muy puntual.

2. **Habla demasiado en inglés**. Laura es profesora de español, **pero a menudo** habla en inglés en clase. **Laura enseña español a estudiantes extranjeros como yo**, pero a menudo, **demasiado a menudo, nos habla en inglés**. Laura dice que habla en inglés con nosotros porque nosotros no entendemos bien cuando ella habla español.

¡Qué tontería! Laura NO tiene razón.

Yo soy extranjero. Yo soy inglés. Yo vivo en España, pero soy inglés. Yo quiero aprender español y he venido a Madrid para aprender español, no inglés.

Me gusta Laura, me gustan sus clases, pero no me gusta cuando habla en inglés en clase de español y tampoco me gusta cuando llega tarde.

Hoy he hablado de este problema con mis compañeros de clase. **Les he preguntado su opinión. Me han dicho que a ellos tampoco les gusta** cuando Laura habla en inglés ni cuando llega tarde.

Entonces yo les he dicho que tenemos que hablar con ella, que **tenemos que decirle a Laura que nos gustan sus clases**, pero que no nos gusta cuando habla en inglés con nosotros y que tampoco nos gusta cuando llega tarde. Ellos, mis compañeros, me han dicho que **no vale la pena**, que no es necesario, que no es una buena idea...

Sin embargo, unos minutos después de hablar yo, Edoardo, el chico italiano de mi clase de español, ha dicho que él puede decirle a Laura lo que pensamos de sus clases. Edoardo nos ha dicho que Laura es su amiga y que, si queremos, **él le puede decir que nos gustan mucho sus clases**, pero que no nos gusta nada cuando habla en inglés con nosotros y que tampoco nos gusta cuando llega tarde.

Todas las chicas de la clase **se han puesto enseguida muy contentas, le han sonreído y le han dicho:** "¡Qué buena idea, Edoardo, qué buena idea!"

Marie, la chica de París, le ha sonreído y **le ha enviado un beso con la mano**, al estilo francés, y le ha dicho en voz baja: "¡muack!" Marie nunca me ha sonreído a mí de esa manera, ni me ha mandado nunca un beso con la mano, ni nunca me ha dicho "muack" **en voz baja**.

Rosita, la señora Austriaca, que normalmente está triste, se ha puesto muy alegre, ha aplaudido contenta y ha dicho en voz alta: "¡Sí, sí, sí! ¡Por favor, Edoardo, habla tú con ella, habla tú con ella en nuestro nombre!". **Nunca he visto a Rosita tan contenta como hoy**.

Yoko, la chica japonesa que **normalmente no toca a nadie y no quiere que nadie la toque**, se ha levantado y le ha dado un abrazo a Edoardo; luego también le ha dado un beso y le ha dicho, en italiano: *Grazie, Edoardo, grazie di tutto! Sei un vero gentiluomo!* Yoko estudia italiano con Edoardo. Él es su profesor.

Yo no he dicho nada. Me he puesto un poco triste, pero no he dicho nada.

La verdad es que yo odio a Edoardo. Dice Lola que yo odio a Edoardo porque él es todo lo que yo NO soy y tiene todo lo que yo NO tengo: él es guapo y yo no. Él es inteligente y dice cosas interesantes y yo no. Él es divertido y dice cosas graciosas, yo no. Él tiene éxito con las chicas, yo no. Él es elegante y sabe vestir bien, yo no. Él está delgado, yo no. Él tiene un buen trabajo, yo no. Él es "guay", yo no. Él es italiano, yo no.

Lola tiene razón: yo odio a Edoardo porque él es todo lo que yo NO soy y tiene todo lo que yo NO tengo. Yo soy bastante feo, poco inteligente, **nada elegante**, un poco aburrido, **me visto mal, estoy bastante gordo**, nunca he tenido éxito con las chicas, no tengo un buen trabajo y **no soy nada "guay"**.

La única cosa buena en mi vida en este momento es Lola. **La verdad es que no sé por qué está conmigo. No sé qué ha visto ella en mí.**

Entonces me he acordado de la nota de Lola, la nota que Lola me ha dejado hoy sobre la mesa de la cocina diciendo que "tenemos que hablar".

¿Por qué quiere hablar conmigo? ¿De qué tenemos que hablar?

He estado todo el día pensando sobre esto. Probablemente se ha cansado de estar conmigo, quizás ha conocido a otro chico y se ha enamorado de él. **Supongo que se ha enamorado de alguien tan guay como Edoardo y me quiere dejar**. Es normal. Ya me ha pasado antes. Cuando tu chica te dice "tenemos que hablar" normalmente es porque quiere decirte que le gusta otro chico, que ha conocido a alguien, que se ha enamorado de otro...

Hoy he vuelto a casa tarde. Normalmente vuelvo a casa temprano, **en cuanto salgo de clase de español.** Hoy, sin embargo, he vuelto tarde. He salido de clase a la una, como siempre, pero no he ido a casa.

Cuando he salido de la escuela de español he empezado a caminar despacio, **sin prisa**, por las calles del centro de Madrid, sin dirección fija, **con las manos en los bolsillos de los pantalones y mirando los escaparates de las tiendas**.

A eso de las dos he entrado en un bar de tapas que hay cerca de la Puerta del Sol y me he tomado una ración de patatas bravas y una tapa de tortilla. Luego he ido al Parque del Retiro y **he dado un paseo. He visto muchas parejas de novios paseando**, abrazándose, besándose… Mirándolos, me he sentido muy triste.

Luego he ido al Museo del Prado y he visto un montón de cuadros, pero me he aburrido enseguida y quince minutos después he salido a la calle. La verdad es que no entiendo nada de pintura ni sé nada sobre la historia del arte. He pensado que probablemente Edoardo es un experto en arte. **Él lo hace todo mejor que yo y sabe de todo más que yo.**

Más tarde he dado una vuelta por la Gran Vía, por el barrio de Malasaña y luego me he tomado un café con leche en la Plaza Mayor. A las tres he comido en un bar del barrio de Atocha. Me he tomado un bocadillo de calamares y una caña. También he ido a un par de librerías y después, cansado de caminar, me he metido en un cine. He comprado **un paquete de palomitas** y he visto una película muy aburrida.

Luego, después de la peli, he ido a un McDonald´s y me he comido un par de hamburguesas con queso. Cuando estoy nervioso, tengo hambre.

Total, que he estado todo el día caminando por Madrid para evitar volver a casa y encontrarme con Lola. Ella normalmente sale de casa a eso de la seis y media de la tarde porque empieza a trabajar en el bar a las siete. Yo he vuelto a casa a las siete menos diez y **he encontrado la casa vacía.** He puesto la televisión, he abierto una cerveza fría del frigorífico y **me he echado en el sofá del salón.**

Mi estrategia para evitar hablar hoy con Lola ha funcionado.

Vocabulario 2

Como ya he dicho antes. Like I said before.

una vez a la semana. Once a week.

Laura llega tarde a clase a menudo. Laura frequently shows up late for class.

Los españoles siempre llegan tarde a las citas. Spanish people are always late (always arrive late) for appointments.

Tienes que llegar antes. You have to get there (arrive) before (they do).

Habla demasiado en inglés. She speaks English too much.

pero a menudo. But often.

Laura enseña español a estudiantes extranjeros como yo. Laura teaches Spanish to foreign students like me.

Demasiado a menudo, nos habla en inglés. All too often, she talks to us in English.

¡Qué tontería! Laura NO tiene razón. What nonsense! Laura is NOT right.

Les he preguntado su opinión. Me han dicho que a ellos tampoco les gusta. I asked them (for) their opinion. They told me (that) they don't like it either.

Tenemos que decirle a Laura que nos gustan sus clases. We have to tell Laura that we like her classes.

no vale la pena: it´s not worth it.

Él le puede decir que nos gustan mucho sus clases. He can tell her that we like her classes a lot.

Se han puesto enseguida muy contentas, le han sonreído y le han dicho: "¡Qué buena idea, Edoardo, qué buena idea!". (They) immediately got all happy, smiled at him and said: "What a good idea, Edoardo, what a good idea!".

Le ha enviado un beso con la mano. (She) blew him a kiss (sent him a kiss with the hand).

en voz baja. In a low voice.

Nunca he visto a Rosita tan contenta como hoy. I've never seen Rosita as happy as (she was) today.

Normalmente no toca a nadie y no quiere que nadie la toque. (She) usually doesn't touch anyone and doesn't want anyone to touch her.

nada elegante. Not at all stylish.

me visto mal, estoy bastante gordo. I dress badly, I'm pretty fat

no soy nada "guay". I'm not "cool" at all.

La verdad es que no sé por qué está conmigo. No sé qué ha visto ella en mí. The truth is (that) I don't know why she's with me. I don't know what she ever saw in me.

Entonces me he acordado de la nota de Lola. Then I remembered the note from Lola.

Supongo que se ha enamorado de alguien tan guay como Edoardo y me quiere dejar. I guess she's fallen in love with someone as cool as Edoardo and wants to leave me.

en cuanto salgo de clase de español. As soon as I get out of (leave from) Spanish class.

sin prisa. In no hurry. Without hurrying.

con las manos en los bolsillos de los pantalones y mirando los escaparates de las tiendas. With my hands in my trouser pockets and browsing the shop windows.

A eso de las dos. At around two o'clock.

He dado un paseo. He visto muchas parejas de novios paseando. I went for a walk. I saw a lot of couples strolling by.

Él lo hace todo mejor que yo y sabe de todo más que yo. He does everything better than me and knows more about everything than I do.

un paquete de palomitas. A bag (packet) of popcorn.

Total, que he estado todo el día caminando por Madrid para evitar volver a casa y encontrarme con Lola. To cut a long story short, I spent the whole day walking around Madrid just to avoid going back home and running into Lola.

He encontrado la casa vacía. I found the house empty.

Me he echado en el sofá del salón. I lay down on the living room couch.

3. Un buen día

Hoy ha sido un buen día.

Me he levantado tarde, a las diez y media de la mañana más o menos. A esa hora Lola normalmente **ya ha salido de casa** para ir a sus clases en la universidad.

Como hago todos los días, me he duchado, me he lavado los dientes, me he afeitado y me he vestido. Luego he ido a la cocina para preparar el desayuno y…

¡LOLA!

Al entrar he visto a Lola sentada en la mesa de la cocina, con una taza en la mano y **rodeada de papeles**, de muchos papeles.

—¡Lola! Pero, pero… ¿Qué haces tú aquí? ¿Qué son todos esos papeles que hay sobre la mesa? —le he dicho yo, mirándola con los ojos muy abiertos, totalmente sorprendido de verla aún en casa.

—Vivo aquí, ¿recuerdas? Soy tu novia —me ha dicho ella, muy seria. Lola por las mañanas está siempre muy seria—. **Vivimos cada uno en su habitación, pero somos novios.**

—Ya, ya, sí, sí, claro, claro… ¡Somos novios! Tú lo has dicho, somos novios. **¿Todavía somos novios?** ¡Qué bien! ¿no? Lo que quiero decir es que… ¿No has ido hoy a clase? ¿Por qué no estás en clase? ¿Por qué no has ido a la universidad?

—Hoy es jueves, ¿recuerdas? Los jueves no tengo que ir a clase **hasta** las doce y media.

—¡Ah, sí, perdona, es verdad, lo he olvidado! Entonces, todo bien, ¿no? Quiero decir que, bueno, que todo está bien entre nosotros, tú y yo, novios, qué estupendo, ¿no? Tú estás bien, yo estoy bien, los dos estamos bien, yo soy tu novio y tú eres mi novia.

Cuando estoy nervioso sudo mucho, hablo sin parar y digo y hago muchas tonterías.

—¿Estás bien, Willy? —me ha preguntado ella, **mirándome de arriba abajo**.

—¡Sí, sí, sí! Yo estoy bien, si tú estás bien… ¿Tú estás bien, Lola?

—**Estás raro**, William, tú estás raro —me ha dicho ella, mirándome de arriba abajo.

—¿Yo? ¿Raro yo? ¡No, no, no, no! Yo estoy bien, yo estoy muy bien. **No me pasa nada, nada de nada,** estoy muy bien, de verdad, muy bien… ¿Tú estás bien? Yo estoy bien. Si tú estás bien, yo estoy bien, los dos estamos bien…. ¿Quieres café? Voy a preparar café, necesito un café…

—No gracias, ya he tomado té, ¿recuerdas? Yo nunca tomo café, tomo té.

—¡Ah, sí, perdona, es verdad, lo he olvidado! Tú tomas té, tú nunca tomas café. Haces muy bien, Lola, el té es mejor que el café, mucho mejor, más sano, más natural…

—Estás raro, William, estás raro…

—¿Yo? ¿Raro yo? ¡No, no, no, no! Estoy bien, estoy muy bien. Si tú estás bien, yo estoy bien. Solo necesito un café y un par de galletas de chocolate –le he dicho yo, tratando de mantener la calma.

—No hay galletas de chocolate.

Lola siempre se come mis galletas de chocolate. Ella piensa que yo no lo sé, pero yo lo sé. La he visto. Cada semana yo compro tres paquetes de galletas de chocolate y las dejo en el armario de la cocina, pero cuando voy a buscarlas nunca las encuentro. Cuando tengo hambre no puedo comer galletas **porque ella ya se las ha comido todas.**

Cuando estamos en el supermercado haciendo la compra, Lola dice que no compra galletas porque no quiere engordar; pero luego cuando las encuentra en casa, cuando encuentra en el armario de la cocina las galletas que yo he comprado, se las come. Se come todas las galletas que yo compro. Ella piensa que yo no lo sé, pero yo lo sé.

—No pasa nada, no es un problema, cariño —le he dicho yo, **tratando de sonreír—**. Luego salgo y compro un par de paquetes en el supermercado, no hay ningún problema, de verdad. Además, yo tengo que adelgazar, me he puesto demasiado gordo, ¿no crees? Sí, **tengo que dejar de ir al Mcdonald´s** y empezar a comer ensaladas, frutas, zanahorias y ese tipo de cosas.

Cuando estoy nervioso sudo mucho, hablo sin parar y digo y hago muchas tonterías.

Entonces, Lola me ha mirado muy seria y me ha dicho otra vez la frase terrible: "Willy, tenemos que hablar".

—¿Ahora? ¿Tenemos que hablar ahora? ¿No podemos hablar más tarde, no podemos hablar luego? —le he preguntado yo, tratando de retrasar el momento de la tragedia, el momento del dolor.

—No, tenemos que hablar ahora. Es importante —me ha contestado ella, muy seria.

Muy nervioso, sudando, con miedo, **me he sentado en silencio** en la mesa de la cocina, **enfrente de ella**.

—Está bien, Lola, dime, **¿qué pasa?** Te escucho.
—Willy, escucha, tenemos que buscar urgentemente un nuevo compañero de piso. ¿Recuerdas a Julio y a Fernando?
—¿Julio y Fernando? ¿Nuestros compañeros de piso? ¿Los dos chicos más aburridos y serios de Madrid?
—Sí, exacto, pues, bueno, ya no son nuestros compañeros de piso. Se han tenido que mudar de repente.
—¡Ah, vale, entiendo! Pues, bueno, **no me importa, me da igual**, son demasiado serios, son demasiado aburridos.
—Sí, de acuerdo, tienes razón: son muy aburridos –me ha dicho Lola—. El problema es que, además, **el casero nos ha subido el alquiler**. También nos han subido la luz y el agua. Entre tú y yo no podemos pagarlo todo. Es demasiado caro. **Necesitamos encontrar a alguien para compartir el alquiler y**

los gastos del piso. Y tenemos que hacerlo rápidamente. No tenemos tiempo.

La he mirado unos segundos en silencio, sin decir nada. Ella también me ha mirado. **Los dos nos hemos mirado** unos segundos sin decir nada. Luego, Lola ha roto el silencio.

—¿Entiendes? Willy, ¿has entendido lo que te he dicho? ¿Te lo digo en inglés? *What I mean is that...*

Entonces, **de repente**, yo me he reído.

¡JAJAJA!

De repente, **todas mis preocupaciones se han evaporado**. Todos mis miedos han desaparecido. Lola no ha conocido a otro chico, no se ha enamorado de nadie. Lola está enamorada de mí, solo de mí. ¡Lola me quiere a mí! ¡Lola está enamorada de mí, de mí! ¡Solo de mí!

He vuelto a echarme a reír.

¡JAJAJA!

—Estás bien, Willy? Are you OK?

—No te preocupes, cariño, no te preocupes. Entiendo bien español. Yo hablo español, ¿recuerdas? Soy de Newcastle, pero hablo español. ¡Jajaja! Entiendo todo lo que me has dicho. No tienes que explicármelo en inglés, Lolita, mi Lolita.

A veces la llamo Lolita. **Lolita es un diminutivo de Lola.** Los españoles usan muchos diminutivos. Para todo. Para las personas y para las cosas. Dicen *cosita, cervecita, cafecito, solecito, vinito, bolsita, galletita...* Lola, por ejemplo, dice "vamos a tomar una cervecita" o "me apetece un vinito" o "voy a comerme una galletita". Cuando habla así me parece muy sexi.

A mí también me gusta usar diminutivos en español, sobre todo cuando estoy contento. A veces a Lola la llamo Lolita, mi Lolita.

—No sé por qué te ríes. Es un tema muy serio, Willy. Si no encontramos a nadie para compartir el alquiler del piso **tenemos que mudarnos y buscar otro piso** —me ha dicho ella, un poco enfadada.

—Sí, sí, tienes razón, Lolita, tienes razón, cariño, es maravilloso... Perdona, no, quiero decir que es terrible, sí, terrible, es terrible, un tema muy serio, muy importante: tenemos que encontrar un nuevo compañero de piso. Sí, tenemos que hacerlo, cariño, tenemos que hacerlo mi amor, Lolita, mi Lolita.

Me he levantado de la silla, la he abrazado y la he besado con pasión, con la pasión de un hombre español, con la pasión de un hombre español enamorado.

—Lola, Lolita, cariño, te quiero...
—Pero, Willy, ¿qué haces? ¡Este no es el momento! —me ha dicho Lola, en voz alta, gritando—. **¿Qué te parece el anuncio que he escrito?**

Entonces he visto los papeles sobre la mesa. Los he leído.

SE ALQUILA HABITACIÓN

Pareja chico / chica busca persona para compartir piso en el centro de Madrid. No fumadores.

Teléfono: xxx

Entonces he comprendido.

—Sí, creo que está bien. Está muy claro. Se entiende todo muy bien. Estamos buscando un compañero de piso y…

—Vale, pues si te parece bien, entonces, coge cuatro o cinco anuncios. He hecho varias copias.

—¿Qué tengo que hacer? —le he preguntado yo, sentándome de nuevo en la silla.

— Tienes que poner estos carteles, estos anuncios, en tu escuela de español, en el tablón de anuncios de tu escuela de español. ¿Entiendes? ¿Sabes lo que es un "tablón de anuncios"?

—Claro, un "notice board". Es fácil.

—Vale. Entonces, tú los pones en tu escuela y yo los pongo en la universidad. Esta tarde los pongo también en el bar. Por allí pasa cada día mucha gente y a menudo los clientes me preguntan por algún piso para alquilar.

—Buena idea, Lolita, buena idea —le he dicho yo, sonriendo.

—Tenemos que encontrar un nuevo compañero de piso antes de fin de mes, ¿de acuerdo? ¿Has entendido, Willy? Es importante.

—¿Qué? —he dicho yo.

—William, ¿estás escuchando? *Are you listening to me?* Tenemos que encontrar un nuevo compañero de piso antes de fin de mes, es importante. Nosotros no podemos pagar el alquiler. Necesitamos a otra persona en el piso. Si no encontramos pronto a alguien tenemos que mudarnos a otro piso. ¿Entiendes? *Do you understand what I am saying?*

Lola ha dicho algo más en inglés, pero no recuerdo qué. Solo recuerdo que me he levantado de la silla, que la he besado en la boca con pasión, que ella ha dejado de hablar y que hemos hecho el amor en la mesa de la cocina, encima de los anuncios, rodeados de papeles.

Hoy ha sido un buen día.

Vocabulario 3

ya ha salido de casa. (She) has already left the house.

Al entrar he visto a Lola. As I entered, I saw Lola.

rodeada de papeles. Surrounded by papers.

Vivimos cada uno en su habitación, pero somos novios. We each have our own room, but we're boyfriend and girlfriend.

¿Todavía somos novios? We're still together?

Hasta. Until.

Cuando estoy nervioso sudo mucho, hablo sin parar y digo y hago muchas tonterías. When I get nervous I sweat a lot, talk non-stop and say and do a lot of stupid things.

mirándome de arriba abajo. Looking me up and down.

Estás raro. You're being weird.

No me pasa nada, nada de nada. Nothing's wrong with me, nothing at all.

ella ya se las ha comido todas. She has already eaten (up) all of them.

tratando de sonreír. Trying to smile.

tengo que dejar de ir al Mcdonald´s. I have to stop going to McDonald's.

me he sentado en silencio. I sat in silence.

enfrente de ella. In front of her.

¿qué pasa? What's going on?

no me importa, me da igual. I don't mind, I don't care either way.

el casero nos ha subido el alquiler. The landlord has raised our rent.

Necesitamos encontrar a alguien para compartir el alquiler y los gastos del piso. We need to find someone to share the rent and expenses of the flat.

Los dos nos hemos mirado. We both looked at each other.

de repente. Suddenly.

todas mis preocupaciones se han evaporado. All my worries evaporated.

Lolita es un diminutivo de Lola. Lolita is a diminutive (nickname) of Lola.

tenemos que mudarnos. We have to move.

¿Qué te parece el anuncio que he escrito? What do you think of the ad I've written? (How does it seem to you?)

4. Un hombre maleducado

Esta mañana he ido a la escuela de español. Hoy es viernes y los viernes normalmente no voy a la escuela. Yo tengo clase de español **solo una vez a la semana**: los miércoles. Pero hoy he ido para poner los carteles que Lola ha escrito, los anuncios buscando un nuevo compañero de piso.

He llegado temprano, a las diez, más o menos (las diez de la mañana en España es temprano) y **he pedido permiso a Mariano**, el recepcionista, para poner los carteles en el tablón de anuncios de la escuela.

Mariano es el señor que trabaja en la recepción. Es un hombre mayor (tiene unos 40 años más o menos) y está un poco gordo, un poco calvo, con un gran bigote negro (como aquel cantante de *The Village People*) y **siempre lleva barba de tres días**. Creo que se afeita solo dos veces a la semana.

Yo tengo miedo de Mariano. No mucho miedo, un poco. Yo soy tímido y Mariano no es un hombre muy simpático. Siempre está serio, nunca sonríe y habla poco. Siempre que entro en la escuela de español tengo que pasar delante de la recepción. **Yo entro y siempre lo saludo**. Digo "¡Buenos días, Mariano! ¡Hola, Mariano! ¿Qué tal, Mariano?". Cuando me voy, hago lo mismo: "¡Adiós, Mariano! ¡Hasta luego, Mariano!".

Sin embargo, él nunca responde, **él nunca contesta a mis saludos**. Creo que nunca ha contestado a uno de mis saludos ni nunca me ha dicho "buenos días" o "hasta luego". **Hoy tampoco.**

Esta mañana me he acercado a la recepción **con un poco de precaución** y le he dicho: "¡Buenos días, Mariano! ¿Qué tal?". Mariano no me ha contestado, no me ha dicho nada. En realidad, no me ha mirado. Me ha ignorado. **Ha continuado leyendo el periódico como si nada.**

Mariano siempre lee el Marca, un periódico de deportes. Siempre que paso delante de la recepción, está leyéndolo. Además, **me he fijado y creo que lee siempre el mismo ejemplar**. No compra un periódico cada día, no. Lo compra solo una vez a la semana, el lunes por la mañana, y lo lee poco a poco, cada día un poquito, de lunes a viernes. **Lo compra el lunes y le dura toda la semana, hasta el viernes.** El viernes finalmente lo tira a la basura.

Alzando un poco la voz, le he dicho: "¡Mariano, perdone, no quiero molestarle, pero ¿puedo hacerle una pregunta?". Tampoco esta vez me ha mirado. El recepcionista ha continuado leyendo el periódico como si nada.

A veces he pensado que quizás Mariano está sordo, que tiene problemas para oír a la gente; pero no, Mariano no está sordo. **Solo es maleducado.** Yo sé que no está sordo porque a menudo lo veo hablando por teléfono. De hecho, cuando Mariano no está leyendo el periódico, está hablando por teléfono **con alguien.** Sospecho que cuando habla por teléfono a menudo es por motivos personales porque suele decir frases como: "¿A qué hora quedamos?" "¿Quedamos donde siempre?" **"Para mí, una pizza extragrande con queso y aceitunas..."**

He tenido que alzar la voz aún más y llamarle varias veces, pero al final ha levantado los ojos del periódico y me ha mirado. Le he enseñado los carteles, él los ha leído, ha vuelto a mirarme a mí, ha vuelto a mirar los carteles otra vez y al final me ha dicho "¡Blagremaczgleglexxxxx!". Bueno, no sé si eso es lo que realmente me ha dicho, pero eso es lo que he entendido yo. Luego ha vuelto a su periódico y ha continuado leyendo.

No he insistido. Le he dicho "¡Gracias!" y me he acercado al tablón de anuncios que hay al lado de la recepción. Allí he puesto uno de los carteles, entre otros anuncios de SE BUSCA CASA, SE CUIDAN NIÑOS, SE ALQUILA PISO, SE VENDE MOTO, etc.

Luego he ido a la cafetería de la escuela y **he puesto otros tres anuncios en las paredes**. He pensado que el bar es el mejor sitio para poner los carteles porque por allí pasan cada día muchos estudiantes de español y los estudiantes de español son extranjeros que a menudo buscan una casa o un piso donde alojarse mientras estudian en la ciudad.

Antes de salir de la cafetería he visto a Edoardo sentado en una de las mesas, tomando café. Me ha sorprendido verlo allí, la verdad. He pensado "¡Qué raro! ¿Qué hace Edoardo hoy aquí, en la escuela? Los viernes no tenemos clase." También me ha sorprendido verlo solo. He pensado "¡Qué raro! Normalmente Edoardo siempre está rodeado de chicas. Nunca solo".

No sé si me ha visto. No sé, pero creo que no. Y si me ha visto, **ha fingido no verme** y no me ha dicho nada. No me ha saludado. Yo tampoco me he acercado a su mesa para saludarlo. He fingido no verle y me he dirigido hacia la salida de la escuela. Al pasar delante de la recepción le he dicho "¡Hasta luego, Mariano! ¡Gracias!" al recepcionista (que ha vuelto a ignorarme, como siempre) y **he salido a la calle deprisa.**

Ver a Edoardo me ha puesto de mal humor, no sé por qué. Hay algo de ese chico que no me gusta nada. **Todavía no sé qué es**.

Antes de volver a casa he ido al supermercado para comprar galletas de chocolate. He pedido permiso a la cajera para poner un par de carteles en el tablón de anuncios. La cajera ha leído uno de mis carteles y me ha dado permiso. Además, me ha dicho que ella está buscando alojamiento. Quiere vivir cerca del supermercado donde trabaja. Nuestro piso puede ser ideal para ella. Me ha dado su número de teléfono. Se llama Marisa y es polaca. Le he dicho que mi novia y yo la vamos a llamar para quedar con ella y decirle cuándo puede venir a ver la habitación. Parece una chica simpática. Hablando con Marisa me he olvidado de Edoardo y me he sentido un poco mejor.

Vocabulario 4

solo una vez a la semana. Only once a week.

he pedido permiso a Mariano. I asked Mariano (for) permission.

siempre lleva barba de tres días. (He) always has a three-day beard.

Yo entro y siempre lo saludo. I come in and I always greet him.

él nunca contesta a mis saludos. He never replies to my greetings.

Hoy tampoco. Not today either.

con un poco de precaución. A little cautiously.

Ha continuado leyendo el periódico como si nada. He went on reading the newspaper as if I weren't there.

me he fijado y creo que lee siempre el mismo ejemplar. I've noticed and I think (believe) he always reads the same copy.

Lo compra el lunes y le dura toda la semana, hasta el viernes. He buys it on Monday and it lasts him the whole week, until Friday.

Solo es maleducado. He's just rude.

con alguien. With somebody.

"Para mí, una pizza extragrande con queso y aceitunas…"
"For me, an extra large pizza with cheese and olives…"

he puesto otros tres anuncios en las paredes. I put another three flyers (ads) on the walls.

ha fingido no verme. (He) pretended not to see me.

he salido a la calle deprisa. I left (went out to the street) in a hurry (quickly).

Ver a Edoardo me ha puesto de mal humor. Seeing Edoardo put me in a bad mood.

Todavía no sé qué es. I still don't know what it is.

5. Una chica sin novio

Este fin de semana Lola y yo **nos hemos quedado en casa**. No hemos salido. No hemos ido a ninguna parte. Sin embargo, **no nos hemos aburrido.**

Normalmente el fin de semana vamos a **dar un paseo** por El Retiro, que es un parque muy grande que hay en el centro de Madrid. A veces también vamos al Rastro, que es un mercado popular enorme, muy grande, que **se hace una vez a la semana**, los domingos, en un barrio de Madrid que se llama Lavapiés. A Lola y a mí nos encanta ir al mercado del Rastro porque si buscas bien puedes encontrar cosas muy baratas, a muy bien precio. **Vamos un par de veces al mes**. Vamos el fin de semana, el domingo.

Sin embargo, este fin de semana no hemos salido, no hemos ido a ninguna parte. Este fin de semana nos hemos quedado en casa para trabajar. ¿Por qué? ¿Qué hemos hecho Lola y yo en casa, **los dos solos**, todo el fin de semana? Fácil. Hemos preparado las entrevistas que le vamos a hacer a la gente interesada en mudarse a nuestro piso.

Recuerdo la cara de sorpresa de Lola el sábado por la mañana **cuando se lo he dicho.**

—¿Entrevistas? ¿Qué entrevistas? **¿De qué estás hablando, Willy? ¡No tenemos que hacer entrevistas!** Alguien que está buscando una habitación ve nuestro anuncio y nos llama por teléfono. **Quedamos**, es decir, **nos ponemos de acuerdo** sobre cuándo puede venir a ver la habitación. La persona viene, ve la habitación que tenemos libre y **si le gusta se la queda**. Fácil. Luego trae sus maletas y todas sus cosas y se viene a vivir a nuestro piso. Nos paga cada mes el alquiler por la habitación y nada más. ¡No es tan difícil, Willy!

Típico. Físicamente, **Lola no parece española, pero en el fondo es muy española.** Lola es alta, rubia, lleva el pelo corto, tiene la piel muy blanca, los ojos azules y no le gusta el flamenco. No parece española, pero es muy española. Es la típica persona española desorganizada que hace todo de forma improvisada, que **lo hace todo tarde y además lo hace mal.** He tenido que explicárselo varias veces. He tenido que explicarle tres o cuatro veces cómo y por qué hay que hacer una selección de la persona adecuada para compartir el piso con nosotros.

—Claro, muy fácil. Tú lo ves todo muy fácil –le he dicho—. ¿Y si trae un perro o un gato? **¿Vamos a aceptar en casa a alguien con una mascota?** ¿Y si fuma? Vamos a vivir con alguien que fuma y que nos llena el piso de humo. ¿Y si es un DJ de música tecno y pone la música muy alta todo el día y toda la noche? ¿Y si está aprendiendo a tocar la guitarra o la trompeta y **toca música por la noche**, mientras nosotros intentamos dormir? ¿Y si no se lava? **¿Y si no se ducha y huele mal?** ¿Y si es alguien muy aburrido con quien no podemos hablar de nada? ¿Y si es alguien muy serio, sin sentido del humor con quien nunca nos podemos reír? ¿Y si es alguien muy antipático? ¿Y si es alguien muy agresivo? **¿Y si es alguien que nos coge la comida del frigorífico?** ¿Vivirías con alguien que se bebe nuestra leche y desayuna con nuestro café? ¿Y si vende droga? **¿Y si es alguien a quien busca la policía?** ¿Y si es un asesino en serie que sale cada noche a la calle a buscar nuevas víctimas? ¿Y si es un YouTuber o un "influencer"? ¡Claro, para ti todo es muy fácil!

Lo sé. Soy un experto en crear preocupaciones, en buscar problemas, en encontrar razones para tener miedo…

Mis padres dicen que me preocupo demasiado, que debería ser más optimista, que soy demasiado negativo, que me tomo las cosas demasiado en serio. Mi hermana dice que soy un neurótico y me ha aconsejado ver a un buen psiquiatra. De hecho, me ha recomendado el suyo. Mi hermano dice que estoy loco y Serena, la novia de mi hermano, dice que simplemente soy gilipollas.

Creo que quizás todos tienen un poco de razón. Quizás es verdad que me preocupo demasiado por todo, que tengo demasiados miedos, que soy demasiado pesimista. Sí, mi hermana tiene razón: soy un poco neurótico. **Dicho en palabras de mi hermano y su novia: quizás estoy loco y quizás soy un poco gilipollas.**

En fin, una vez convencida Lola de la necesidad de hacer entrevistas a la gente interesada en mudarse y venirse a vivir con nosotros, este fin de semana los dos nos hemos quedado en casa trabajando.

Lo primero que hemos hecho ha sido escribir las preguntas del cuestionario que vamos a hacer a todas las personas interesadas en alquilar la habitación.

Después de cuatro tazas grandes de café, dos paquetes de galletas de chocolate, cuatro bolsas de patatas fritas, dos bocadillos de chorizo y queso, tres botellas grandes de Cola y dos pizzas grandes que hemos pedido por teléfono a la pizzería del barrio, finalmente hemos logrado terminar el cuestionario. Estas son las preguntas que hemos escrito:

1. ¿Tienes perro o gato? Si alguien quiere traer un perro o un gato a casa: **suspenso**. No queremos un gato que nos destruya los muebles con sus uñas, ni un perro que nos despierte ladrando por la mañana temprano.

2. ¿Fumas? Si alguien fuma: suspenso. **No queremos tener la casa llena de humo.**

3. ¿Qué haces? ¿Estudias o trabajas? Tenemos que estar seguros de que la persona puede pagar el alquiler.

4. ¿Tienes pareja? Si alguien tiene pareja: suspenso. No queremos levantarnos el sábado por la mañana y encontrarnos en la cocina al novio o a la novia tomando café o duchándose en el cuarto de baño.

5. ¿Qué música escuchas? Si alguien toca un instrumento o escucha música por la noche: suspenso. Por la noche queremos dormir.

6. ¿Cuánto cuesta un litro de leche en el supermercado? Queremos estar seguros de que la persona hace la compra normalmente y no va a usar nuestra comida del frigorífico.

7. ¿Qué es lo primero que haces después de comer? Si la respuesta no es "lavar los platos": suspenso. No queremos llegar a la cocina para cocinar y encontrarnos el fregadero lleno de platos sucios.

8. **¿Puedes contarnos un chiste** o una anécdota divertida? Si no nos reímos con el chiste o con la anécdota que nos cuenta: suspenso. Queremos compartir el piso con alguien con sentido del humor, con alguien divertido.

9. Cuánto es 20 x 15. Si la persona saca el móvil o usa los dedos de la mano para contar: suspenso. Queremos compartir el piso con alguien inteligente.

10. ¿Cuántos libros has leído este año? ¿Cuál es la última película que has visto en el cine? Si dice "ninguno" o "ahora,

no me acuerdo": suspenso. Queremos compartir el piso con alguien interesante, educado y culto.

11. ¿Qué haces en tu tiempo libre o durante el fin de semana? Si dice "nada" o "dormir": suspenso. No queremos compartir el piso con alguien tan aburrido.

Una vez terminado el cuestionario, he pensado: "Si para alquilar una habitación alguien me hace todas estas preguntas a mí, **seguro que yo no apruebo**. Dando clases particulares de inglés gano muy poco dinero y el único restaurante donde puedo comer es McDonald´s. No recuerdo el último libro que he leído ni la última película que he visto y, además, solo puedo calcular cuánto es 2 x 2 con la calculadora".

No le he dicho nada a Lola, pero estoy seguro de que Lola ha pensado lo mismo que yo. De hecho, ella se come todas mis galletas de chocolate, pone la música muy alta cuando vuelve del trabajo a las tres de la mañana, a veces fuma en su dormitorio (cree que yo no lo sé, pero lo sé. Yo lo sé todo.) y a menudo no lava los platos sucios después de comer.

Este fin de semana no solo hemos preparado las preguntas del cuestionario. También hemos tenido que contestar a todas las personas que nos han llamado por teléfono, preguntando por la habitación.

Lola me ha dicho: "Probablemente vamos a recibir muchas llamadas porque estamos en septiembre". Dice Lola que en Madrid, al final del verano, siempre hay muchos chicos buscando **alojamiento** urgentemente porque en octubre empiezan a estudiar en la universidad.

Sin decir nada a Lola, he pensado un plan secreto: "Una chica. No quiero un chico en el piso, quiero una chica. Tiene que ser una chica. Prefiero una chica joven y guapa como compañera de piso. Prefiero una chica joven, guapa y sin novio para compartir el piso. Alguien como Marisa, por ejemplo, la chica polaca del supermercado. No quiero otro chico en la casa. Solo voy a darle cita a las chicas interesadas en la habitación. A los chicos, no".

¿Soy celoso? ¿Soy inseguro? Quizás, tal vez, no sé. Pero no quiero compartir el piso con otro chico. Prefiero una chica. Y, si es posible, una chica joven, guapa y sin novio.

No le he dicho nada de mi plan a Lola, claro. Los planes secretos se llaman "secretos" porque son secretos, es decir, porque nadie los conoce y nadie debe conocerlos.

Pero al final mi plan ha fracasado. Ha sido Lola quien ha contestado al teléfono y quien ha hablado con la gente, yo no. Lola me ha dicho: "Willy, hablar por teléfono puede ser muy difícil para ti. **Tú todavía no hablas bien español.** Yo voy a hablar con la gente interesada en alquilar la habitación, tú no". Luego me ha dado un cuaderno y un bolígrafo y me ha dicho: "Tú puedes escribir los nombres, los números de teléfono y **la hora a la que quedamos con cada persona**".

Lola tiene razón. Yo todavía no hablo bien español y hablar por teléfono puede ser muy difícil para mí. Lola siempre tiene razón.

Nos ha llamado un montón de gente. Hemos dado cita a todos el lunes. El lunes es el mejor día para nosotros porque Lola no tiene clases en la universidad ni trabaja en el bar. Es su día de descanso.

Yo he hecho una lista con todos los nombres, números de teléfono y la hora de la cita de cada persona con la que hemos quedado. Cuando Lola ha terminado de hablar por teléfono, he mirado el cuaderno. Un desastre: quince chicos y solo un nombre de chica (Marisa, la chica del supermercado).

¿Casualidad? ¿Lola ha quedado con quince chicos y con ninguna chica **por casualidad**? No estoy seguro, no quiero pensar mal, pero tengo la impresión de que a Lola le gustan más los chicos que las chicas. Probablemente es por esa razón que ella ha dado cita solo a chicos. **El único nombre de chica de la lista, Marisa, lo he escrito yo.**

¿Soy celoso? ¿Soy inseguro? Quizás, tal vez, no sé.

Entonces, sin decir nada a Lola, he pensado otro plan secreto: "El lunes, en las entrevistas, tengo que hacer todo lo posible para dar la habitación a la chica polaca del supermercado".

No le he dicho nada de mi plan a Lola, claro. Es un plan secreto. No le he dicho que no quiero otro chico en el piso, que prefiero una chica: una chica guapa, joven y sin novio. Estoy seguro de que ella también quiere alquilar el piso a un chico, a un chico guapo, joven y sin novia.

¿Soy celoso? ¿Soy inseguro? Quizás, tal vez, no sé.

Vocabulario 5

nos hemos quedado en casa. We stayed home.

no nos hemos aburrida. We haven't been bored.

dar un paseo. To go for a walk.

se hace una vez a la semana. (That) they do, (that) is put on once a week.

Vamos un par de veces al mes. We go a couple of times a month.

los dos solos. Only the two of us.

cuando se lo he dicho. When I told (it to) her.

¿De qué estás hablando? What are you talking about?

¡No tenemos que hacer entrevistas! We don't have to do interviews!

Quedamos. We arrange to meet.

nos ponemos de acuerdo. We agree, we make an agreement.

si le gusta se la queda. If they like it, it goes to them.

Lola no parece española, pero en el fondo es muy española. Lola doesn't seem Spanish, but deep down she's very Spanish.

lo hace todo tarde y además lo hace mal. (She) does everything late and what's more does it poorly.

¿Vamos a aceptar en casa a alguien con una mascota? Are we going to accept someone who has a pet?

toca música por la noche. (He or she) plays music at night.

¿Y si no se ducha y huele mal? What if he or she doesn´t take showers and they smell bad?

¿Y si es alguien que nos coge la comida del frigorífico? What if it's somebody who takes our food from the fridge?

¿Y si es alguien a quien busca la policía? What if it's someone the police are looking for?

Dicho en palabras de mi hermano y su novia: quizás estoy loco y quizás soy un poco gilipollas. In the words of my brother and his girlfriend: maybe I am crazy and maybe I am a little bit of an asshole.

Suspenso. Fail (rejected).

No queremos tener la casa llena de humo. We don't want to have the house full of smoke.

¿Puedes contarnos un chiste? Can you tell us a joke?

seguro que yo no apruebo. For sure I wouldn't pass.

Alojamiento. A place to stay.

Tú todavía no hablas bien español. You still don't speak Spanish well.

la hora a la que quedamos con cada persona. What time we're going to meet with each person.

Nos ha llamado un montón de gente. A ton of people called us.

Hemos dado cita a todos el lunes. We gave everyone an appointment for Monday.

por casualidad. By coincidence.

El único nombre de chica de la lista, Marisa, lo he escrito yo.

The only girl's name on the list, Marisa, I wrote myself.

6. Un chico guapo

Hoy lunes, Lola y yo hemos hecho todas las entrevistas a todos los candidatos. A todos les ha gustado mucho la habitación y la mayoría de ellos nos han dicho que **pueden mudarse enseguida, esta misma semana.**

La verdad es que nuestro piso está muy bien situado, en pleno centro de Madrid. Además, las habitaciones son **amplias** y el piso tiene mucha luz porque está en la cuarta planta y las ventanas son grandes.

Sin embargo, lo que ellos no saben es que **el ascensor se rompe a menudo** y hay que subir las escaleras a pie. Tampoco saben que, como es un piso viejo, no hay ni aire acondicionado ni calefacción y por tanto en invierno hace mucho frío y en verano hace mucho calor.

Lola y yo tampoco les hemos dicho que el calentador suele romperse y a veces no hay agua caliente para ducharse.

Tampoco les hemos contado que la habitación que alquilamos da a una plaza donde hay muchos bares que cierran muy tarde. **Es una plaza muy ruidosa.** Durante la semana no está mal, pero el viernes y el sábado por la noche hay mucha gente en la calle y **hacen tanto ruido que no se puede dormir.**

A las nueve de la mañana ha llegado el primer chico. Cuando lo he visto, la primera cosa que he pensado ha sido: "¡No me gusta! ¡Es demasiado guapo!". **He mirado a Lola de reojo** y creo que ella ha pensado: "¡Qué guapo es! ¡Me encanta!"

Lola y yo lo hemos saludado; yo serio, Lola sonriendo. Luego le hemos enseñado la habitación que tenemos libre. También le hemos enseñado el resto del piso y más tarde nos hemos sentado los tres en el salón para tomar un café y hacer la entrevista.

Yo le he hecho la primeras preguntas al chico guapo: ¿Fumas? ¿Tocas música? ¿A qué hora te acuestas? ¿Qué es lo primero que haces después de comer? ¿Vas a traer un perro? ¿Vas a traer un gato? ¿Estudias o trabajas?

El chico guapo ha contestado correctamente a todas las preguntas:

—No, no fumo, **de hecho nunca he fumado en mi vida**. Es malo para la salud.

—Me encanta la música clásica, pero no sé tocar ningún instrumento.

—Me acuesto temprano porque me levanto a las seis de la mañana para correr o ir al gimnasio.

—Después de comer lo primero que hago es quitar la mesa y lavar los platos.

—Me encantan los animales, pero no tengo ni perro ni gato.

—Estudio y trabajo. Estudio economía por la tarde y trabajo en un banco por la mañana.

Yo he pensado: "¡Qué desastre! ¡Esto es terrible!"

El chico guapo nos ha dado todas las respuestas correctas. No ha suspendido ninguna de las preguntas que le he hecho.

Mirando de reojo, he visto a Lola sonriendo, muy contenta.

¿Tienes novia? —le ha preguntado Lola al chico guapo, de repente, **sonriendo como una tonta**. Esa es la única pregunta que Lola le ha hecho al chico guapo.

El chico guapo también ha sonreído y ha dicho: "No, no tengo novia. Todavía no tengo novia".

Lola ha mirado al chico guapo y el chico guapo ha mirado a Lola. Durante unos segundos **nadie ha dicho nada**.

Entonces, yo me he levantado de la silla, me he puesto en pie y le he dicho al chico guapo, intentando estar tranquilo: "¡Vale, muy bien, **gracias por haber venido**! Te vamos a llamar mañana o quizás pasado mañana para comunicarte nuestra decisión final y…"

De repente, Lola me ha interrumpido y ha dicho en voz muy alta, casi gritando: "¡La habitación es para ti! ¡Puedes mudarte mañana o, si quieres, esta misma tarde!"

El chico guapo nos ha mirado sorprendido y ha dicho: "¿Qué? ¿Cómo? ¿Perdón?"

Yo he intentado estar tranquilo y tratando de sonreír le he contestado: "Lo que Lola quiere decir es que todavía tenemos que hacer más entrevistas. Nos ha llamado mucha gente interesada en alquilar la habitación y todavía no hemos hablado con todos. Tenemos que…"

Lola me ha vuelto a interrumpir: "¡No! ¡No es necesario! ¡No tenemos que hacer más entrevistas! ¡Tú eres perfecto! ¡La habitación es para ti, la habitación es para ti!"

El chico guapo se ha ido un poco confundido. Es normal. Lola le ha dicho: "La habitación es para ti" y yo le he dicho: "Te vamos a llamar mañana para decirte nuestra decisión final. Todavía tenemos que entrevistar a más candidatos".

Cuando nos hemos quedado solos, Lola y yo hemos discutido. Normalmente no discutimos. Normalmente no hay problemas entre nosotros, pero hoy sí, **hoy nos hemos peleado**.

—¡Lola, tenemos que hablar! ¿Por qué le has dicho a este chico que se puede mudar con nosotros? ¡Todavía no hemos terminado de entrevistar a toda la gente interesada en la habitación!
—No tenemos que hacer más entrevistas. ¡Borja es perfecto! —me ha dicho ella.

Yo la he mirado sorprendido.

—¿Quién es Borja? —le he preguntado.

—El chico que acabamos de entrevistar. ¡Se llama Borja! ¿Ya lo has olvidado? —me ha contestado ella, sorprendida, mirándome con los ojos muy abiertos, abiertos como platos.

Entonces he comprendido. El chico guapo se llama Borja.

—Lola, no podemos precipitarnos. Esta es una decisión muy importante. Tenemos que seleccionar a la persona adecuada para compartir el piso. Tenemos que hacer más entrevistas, tenemos que hablar con más candidatos, tenemos que hablar con más personas interesadas en alquilar el cuarto. ¡Tenemos que hablar con Marisa!

—¿Marisa? ¿Qué Marisa? ¿Quién es Marisa? —me ha preguntado ella muy sorprendida, mirándome con los ojos muy abiertos, abiertos como platos.
—¡Marisa! ¿No sabes quién es Marisa? Marisa es la única chica que hay en la lista, ¿recuerdas? La única chica que va a venir hoy a ver la habitación. Viene a las once y media. —le he dicho yo, también muy sorprendido, mirándola con los ojos muy abiertos, abiertos como platos.
—¡Ah, entiendo! ¡Esa Marisa! Pues, lo siento, pero no va a venir... —me ha dicho Lola en voz muy baja, sin mirarme a los ojos.
—¿No va a venir? ¿Por qué? ¿Qué le ha pasado?

—Nada, no le ha pasado nada, pero no viene, no va a venir a ver la habitación.
—¿No va a venir? ¿Cómo lo sabes? ¿Cómo sabes que no va a venir?

Entonces, sin mirarme a los ojos, Lola me ha dicho: "no va a venir porque yo la he llamado esta mañana y le he dicho que hemos cambiado de idea y que **al final no vamos a alquilar la habitación a nadie**".

—Pero, pero… ¿Por qué? ¿Por qué has hecho eso? ¿Por qué le has dicho eso? **¿Por qué le has contado una mentira?**
—Lo siento, Willy, pero no quiero a otra chica en casa. Estoy enamorada de ti y soy muy celosa. **Te quiero y no soporto la idea de compartir el piso contigo y con otra chica. Se empieza compartiendo el piso y se termina compartiendo el novio.** ¿Entiendes?

Luego, en voz baja, me ha dicho: "Ya me ha pasado, **ya me ha pasado antes**".

No le he preguntado nada más a Lola. He comprendido. Ella está enamorada de mí y no quiere compartir el piso con otra chica porque **tiene miedo de perderme**. Lo entiendo. El problema es: ¿por qué yo tengo que aceptar a otro chico en el piso? ¿Por qué yo tengo que compartir el piso con otro chico? Yo también soy celoso. Yo también estoy enamorado de ella. Yo también la quiero. Yo también tengo miedo de perderla. Yo tampoco quiero compartir el piso con otro chico, especialmente con un chico tan guapo como Borja.

He pensado en todo esto y me he hecho muchas preguntas, pero no le he dicho nada a Lola. Ella tampoco me ha dicho nada. Ni yo le he dicho nada ni ella me ha dicho nada. Solo nos hemos besado, nos hemos abrazado y hemos empezado a hacer el amor en el sofá.

Sin embargo, **no hemos podido continuar** porque a las diez y media ha llegado otro chico interesado en alquilar la habitación. **Nos hemos vestido deprisa** y hemos abierto la puerta.

Así hemos pasado todo el día: entrevistando a los chicos interesados en alquilar la habitación e intentando hacer el amor en el sofá **entre una entrevista y la siguiente.**

Después del chico guapo, hemos entrevistado a otros catorce chicos. A casi todos les ha encantado el piso y la habitación. La mayoría de ellos nos han dicho que se pueden mudar enseguida, esta misma semana, sin problemas.

Estoy hablando en plural. Estoy diciendo "Lola y yo hemos dicho", "hemos preguntado", "hemos entrevistado" "hemos visto"… Pero la verdad es que durante las entrevistas yo he hecho la mayoría de las preguntas. Lola casi no ha dicho nada. Al final de cada entrevista, le he preguntado: "Bueno, Lola, **¿qué te parece este chico?".** Ella siempre me ha contestado algo así:

—Sí, es simpático, pero demasiado serio.
—Sí, **no está mal**, pero habla demasiado.
—Sí, está bien, pero habla muy poco.
—Sí, es buena persona, pero un poco aburrido.
—Sí, está bien, pero…

Para cada uno de los catorce chicos que hemos entrevistado, Lola siempre ha encontrado un "sí, pero…"

Cuando el último chico se ha ido y Lola y yo nos hemos quedado solos, yo he ido a la cocina para coger una cerveza fría del frigorífico. **Desde la cocina la he oído hablando por teléfono con alguien.**

"¿Borja? Sí, soy yo, ¿qué tal? Bien, bien… oye, ¿cuando te puedes mudar? ¿Esta semana? ¿Mañana? Vale, si quieres… vale, vale, Sí, claro, ya te lo dije, ¿no? La habitación es para ti".

Vocabulario 6

pueden mudarse enseguida, esta misma semana. They can move in right away, this very week.

Amplias. Spacious.

el ascensor se rompe a menudo. The elevator breaks down frequently.

Es una plaza muy ruidosa. It's a very noisy plaza (square).

hacen tanto ruido que no se puede dormir. They make so much noise (that) one can't sleep.

He mirado a Lola de reojo. I looked at Lola out of the corner of my eye.

de hecho nunca he fumado en mi vida. In fact, I've never smoked in my life.

sonriendo como una tonta. Grinning like an idiot.

nadie ha dicho nada. No one said anything.

gracias por haber venido. Thanks for coming (thanks for having come).

El chico guapo se ha ido un poco confundido. The good-looking guy left a little confused.

Cuando nos hemos quedado solos. When we were left alone.

hoy nos hemos peleado. Today we fought.

al final no vamos a alquilar la habitación a nadie. We're going to end up not renting the room out to anybody.

¿Por qué le has contado una mentira? Why did you lie to her?

Te quiero y no soporto la idea de compartir el piso contigo y con otra chica. Se empieza compartiendo el piso y se termina compartiendo el novio. I love you and I can't stand the thought of sharing the flat with you and some other girl. It starts with sharing the flat and then ends up with sharing the boyfriend.

ya me ha pasado antes. It has (already) happened to me before.

tiene miedo de perderme. She's afraid of losing me.

no hemos podido continuar. We couldn't continue.

Nos hemos vestido deprisa. We quickly put our clothes back on.

entre una entrevista y la siguiente. Between one interview and the next.

¿qué te parece este chico? What do you think of this guy?

no está mal. He's not bad.

Desde la cocina la he oído hablando por teléfono con alguien. From the kitchen I heard her talking to someone on the phone.

7. ¡Qué raro!

Esta semana **han pasado dos cosas que seguramente van a cambiar mi vida**: el chico guapo **se ha mudado a nuestro piso** y en clase de español hemos empezado a usar el pretérito indefinido.

El miércoles, al final de la clase de español, algunos estudiantes fuimos a tomar un café al bar de la escuela. Solemos ir todas las semanas. **Nos gusta pasar un rato juntos** comentando la clase y **contando lo que nos ha pasado los últimos días**. Naturalmente, hablamos siempre en espanol **entre nosotros**.

—¡Estoy muy contenta! ¡Por fin! —dijo Rosita, la señora austriaca de la clase. ¡**Por fin** vamos a poder hablar del pasado!

—Pero el pretérito perfecto también se usa para hablar del pasado, Rosita —le dije yo, un poco sorprendido. ¿Por qué necesitamos aprender ahora el pretérito indefinido?

—Bueno, William, **tú eres tan joven** que seguramente solo necesitas el pretérito perfecto para hablar de tu vida. Sin embargo, yo soy tan vieja que sin el pretérito indefinido no puedo hablar de mi pasado —me contestó ella riendo.

Yo la miré sorprendido, **sin entender nada.**

—¡Jajaja! **Es una broma. Estoy bromeando**, William, solo estoy bromeando —me dijo ella.

Entonces, Yoko, la chica japonesa de la clase me miró y sonriendo me dijo:

—Creo que lo que Rosita quiere decir es que con el pretérito perfecto puedes hablar de algo que ha ocurrido hoy, esta semana, este año, **hace un rato**… Sin embargo, con el pretérito indefinido puedes hablar de algo que pasó ayer, la semana pasada, el año pasado, hace diez años, en 1985…

—¿Qué? ¿Cómo? —dije yo.

Luego, Marie, la chica francesa de la clase, también intentó explicármelo:

—Mira, William, en español **hay que usar tanto el pretérito indefinido como el pretérito perfecto** para hablar del pasado. Todo depende del momento en el tiempo del que estamos hablando. Por ejemplo, decimos "ayer fui al cine", pero "hoy he ido al cine".

Recuerdo que en ese momento pensé: "**¡Qué complicado es el español! No voy a aprenderlo nunca**". Pero no dije nada, solo lo pensé.

Más tarde llegó a la cafetería Edoardo. Al principio no nos vio. Fue hacia la barra, pidió un café y luego se sentó solo en una mesa cerca de la ventana. Yo pensé: "¡Qué raro! ¿Qué hace Edoardo aquí solo? **Edoardo nunca está solo. Siempre está rodeado de chicas**".

Entonces, Marie lo vio y lo llamó en voz alta, casi gritando:

¡Edoardo, Edoardo! ¡Ven!

¡Ven aquí! ¡Estamos aquí!

¡Ven! ¡Ven con nosotras!

Nosotras. Marie dijo "nosotras", no dijo "nosotros". Yo la escuché perfectamente. Dijo "nosotras", femenino plural. **Me sentí ignorado**.

Edoardo nos vio y sonrió. **Enseguida se levantó y vino hacia nuestra mesa con la taza de café en las manos**. En ese momento escuché a Yoko diciendo en voz baja: "¡Qué guapo es!". Marie y Rosita no dijeron nada, pero estoy seguro de que pensaron lo mismo.

Edoardo llegó, cogió un silla y se sentó entre Marie y Yoko.

—¡Hola, chicas, ¿qué tal? ¿Qué hacéis aquí?

Chicas. Edoardo dijo "¡hola, chicas!". No dijo "¡hola, chicos!". Dijo "chicas", femenino plural. Me sentí ignorado otra vez.

Intenté volver a llevar la conversación hacia la gramática del español, hacia la diferencia entre el pretérito indefinido y el pretérito perfecto:

—Pero, entonces, ¿cuál es la diferencia entre "ayer fui al cine" y "hoy he ido al cine"? ¿Por qué se usa el indefinido con "ayer" y el pretérito perfecto con "hoy"? No entiendo por qué…

Nadie me miró, nadie escuchó mi pregunta, nadie me contestó. Todos me ignoraron otra vez.

Edoardo bebió un poco de café. **Luego sacó un papel del bolsillo del pantalón y lo puso sobre la mesa.**

—¿Habéis visto esto? –dijo.

—¿Qué es? —preguntó Marie, **mirando el papel con curiosidad**.

Yoko cogió el papel con las manos, **lo leyó en silencio** y luego dijo: "**¡Es un concurso de tortilla de patatas!**".

Luego, Rosita cogió el papel y lo leyó en voz alta para todos:

CONCURSO DE TORTILLAS

¿Te gusta la tortilla de patatas?

¡A nosotros también!

Las tres chicas empezaron a hacer preguntas a Edoardo:

"¿Un concurso? ¿Un concurso de tortilla de patatas? ¿Dónde? ¿Cuándo? ¿Por qué? ¿Qué hay que hacer?"

Edoardo volvió a beber un poco de café y luego, despacio, con calma, empezó a responder a todas las preguntas de las chicas **con su mejor sonrisa**.

—Es un concurso de tortillas de patatas. Lo organiza la escuela. Nuestra escuela. Creo que el director quiere organizar una vez al mes actividades sociales y culturales.
—**¡Qué buena idea!** —dijo Rosita, **entusiasmada**.
—**Puede ser muy divertido** —dijo Marie, **muy alegre**.
—¡Me encanta la tortilla de patatas! —exclamó Yoko, muy contenta.
—**¿Qué hay que hacer?** —pregunté yo.
—Hay que hacer una tortilla de patatas, Guillermo. ¿Por qué crees que el concurso se llama CONCURSO DE TORTILLAS, Guillermo? **¡No es tan difícil de entender!** Tienes que beber más café, Guillermito. **¡Todavía estás durmiendo!**

Las tres chicas se rieron con la broma de Edoardo, pero yo no. A mí normalmente no me gustan las bromas de Eduardo. Además, Edoardo siempre me llama "Guillermo" o

"Guillermito". **Yo lo odio**. No me gusta "Guillermo". Tampoco me gusta "Guillermito". **De hecho**, Guillermito me gusta menos que Guillermo.

Ya se lo he dicho muchas veces: "Edoardo, yo no me llamo Guillermo. Yo me llamo William. Mis amigos me llaman Will o Willy, pero no "Guillermo". Sin embargo, él siempre me llama "Guillermo" o "Guillermito", en español. Normalmente me ignora, pero cuando me dice algo, cuando me llama o cuando se dirige a mí siempre me llama "Guillermo" o "Guillermito". Dice Lola que seguramente se le olvida mi nombre en inglés. No lo creo. Él sabe muy bien cómo me llamo y también sabe que no me gusta el nombre "Guillermo".

Dice Lola que soy un poco paranoico, que me preocupo demasiado por cosas que no tienen importancia, que veo problemas donde no los hay.

¿Tiene razón Lola? No sé. Quizás tiene razón. No sé

—¿Cuándo es el concurso? —preguntó Yoko.
—La semana que viene. El viernes de la semana que viene —le contestó Edoardo—. Cada estudiante hace una tortilla de patatas en casa y **luego la trae aquí**, al bar de la escuela. **Más tarde todos probamos las tortillas y votamos cuál es la mejor.**

—¡Qué divertido! —exclamó Marie, entusiasmada.

—¡Qué buena idea! —dijo Rosita, muy alegre.

—¡Me encanta la idea! —dijo Yoko, muy contenta.

"¡Es una idea estúpida!", pensé yo, pero no dije nada. "¡Un concurso de tortillas de patatas! **¡Qué idea tan tonta!** Yo quiero aprender español, no quiero aprender a hacer tortilla de patatas. No es serio".

Un poco más tarde **me levanté de la mesa, me puse la chaqueta, cogí la mochila** y dije: "¡Adiós, chicos, **hasta la próxima semana**! Tengo que irme. Tengo muchas cosas que hacer". Sin embargo, solo Rosita me contestó "¡Hasta luego, William!". Los otros tres me ignoraron y continuaron hablando entre ellos sobre el concurso de tortillas.

También dije "¡adiós, hasta luego!" a Julián, el camarero del bar, pero **tampoco él me contestó. Salí del bar triste y enfadado**. "Es la historia de mi vida", pensé. Siempre ha sido así. La gente siempre me ha ignorado. A veces pienso que quizás yo soy invisible y nadie me ve o que todo el mundo está sordo y nadie puede oírme.

Luego **pasé por delante de la recepción** y le dije al recepcionista: "¡Adiós, Mariano, hasta la próxima semana!", pero tampoco él me contestó. Mariano también me ignoró y continuó leyendo su periódico.

Ya fuera de la escuela, caminando por la calle, volví a pensar en Edoardo: "¡Qué raro! Es la segunda vez que lo veo solo en el bar de la escuela. ¡Qué raro! Normalmente siempre está rodeado de chicas. Es muy raro. Además, ¿por qué tiene tanto interés en ese estúpido concurso de tortillas. ¡Qué idea tan tonta! ¡Un concurso de tortillas!"

No sé, quizás Lola tiene razón y **me preocupo demasiado por cosas que no tienen importancia.** Mis padres siempre me han dicho que me preocupo demasiado, que debería ser más optimista, que soy demasiado triste, demasiado serio, demasiado pesimista, demasiado negativo.

Mi hermana está de acuerdo con mis padres. Además, me ha dicho muchas veces que soy un neurótico y me ha aconsejado ver a un buen psiquiatra. De hecho me ha aconsejado ver a su psiquiatra.

Mi hermano siempre ha pensado que estoy loco y Serena, su novia, simplemente dice que soy **gilipollas**. De hecho, cuando Serena le habla a mi hermano sobre mí no dice "¿Dónde está William" o ¿Dónde está tu hermano?". Ella suele decir

"¿Dónde está el gilipollas?" o **"¿Dónde está el gilipollas de tu hermano"**.

Creo que todos tienen un poco de razón. Me preocupo demasiado por todo, tengo demasiados miedos, soy demasiado pesimista, demasiado serio, demasiado triste, demasiado negativo. Sí, mi hermana tiene razón: soy un poco neurótico, un poco paranoico. **Dicho en palabras de mi hermano y su novia**: estoy loco y soy un poco gilipollas.

Salí de la escuela triste y enfadado. **Ver a Edoardo me puso de mal humor**, no sé por qué. **Hay algo de ese chico que no me gusta nada, pero todavía no sé qué es.** Además, me pregunto por qué está tan interesado en ese estúpido concurso de tortillas de patatas.

Vocabulario 7

han pasado dos cosas que seguramente van a cambiar mi vida. Two things have happened that will surely change my life.

se ha mudado a nuestro piso. He has moved in to our apartment.

Nos gusta pasar un rato juntos. We like to spend some time together.

contando lo que nos ha pasado los últimos días. Catching up on what has happened to us over the past few days.

entre nosotros. Amongst ourselves.

Por fin. At last.

tú eres tan joven. You are so young.

sin entender nada. Without understanding anything.

Es una broma. Estoy bromeando. It's a joke. I'm kidding.

hace un rato. A while ago.

hay que usar tanto el pretérito indefinido como el pretérito perfecto. We must use both the simple past (preterite) and the present perfect.

¡Qué complicado es el español! Spanish is so complicated!

No voy a aprenderlo nunca. I'm never going to learn it.

Edoardo nunca está solo. Edoardo is never alone.

Siempre está rodeado de chicas. He is always surrounded by girls.

Me sentí ignorado. I felt ignored.

Enseguida se levantó y vino hacia nuestra mesa con la taza de café en las manos. He got up right away and came over to our table, holding the cup of coffee in his hands.

Intenté volver a llevar la conversación hacia la gramática. I tried to bring the conversation back around to grammar.

Luego sacó un papel del bolsillo del pantalón y lo puso sobre la mesa. Then, he took a piece of paper out of his trousers pocket and put it on the table.

mirando el papel con curiosidad. Looking at the paper with curiosity.

lo leyó en silencio. (She) read it in silence.

¡Es un concurso de tortilla de patatas! It's a potato omelette contest!

con su mejor sonrisa. With his best smile.

¡Qué buena idea! What a good idea!

entusiasmada. Excited.

Puede ser muy divertido. It could be really fun.

muy alegre. Cheerfully.

¿Qué hay que hacer? What do you have to do?

¡No es tan difícil de entender! It's not that hard to understand!

¡Todavía estás durmiendo! You're still sleeping!

Yo lo odio. I hate it.

De hecho. In fact.

Ya se lo he dicho muchas veces. I've already told him many times.

luego la trae aquí. Then, you bring it here.

Más tarde todos probamos las tortillas y votamos cuál es la mejor. Later, we'll all taste the tortillas and vote (to decide) which is the best.

¡Qué idea tan tonta! What a silly idea!

me levanté de la mesa, me puse la chaqueta, cogí la mochila. I got up from the table, put on my jacket, grabbed my backpack.

hasta la próxima semana! See you next week! (Literally: "until next week")

tampoco él me contestó. He didn´t answer either.

Salí del bar triste y enfadado. I left the bar sad and angry.

pasé por delante de la recepción. I passed by (in front of) the reception area.

me preocupo demasiado por cosas que no tienen importancia. I worry too much about things that don't matter.

Mi hermana está de acuerdo con mis padres. My sister agrees with my parents.

Gilipollas. Idiot, asshole.

¿Dónde el gilipollas de tu hermano? Where is your brother, the asshole?

Dicho en palabras de mi hermano y su novia. Said in the words of my brother and his girlfriend.

Ver a Edoardo me puso de mal humor. Seeing Edoardo put me in a bad mood.

Hay algo de ese chico que no me gusta nada, pero todavía no sé qué es. There's something about that guy that I don´t like at all, but I still don´t know what it is.

8. ¡Qué vergüenza!

Ya en casa, le hablé a Lola del concurso de tortillas de la escuela de español.

¿Un concurso de tortillas? **¡Qué guay!** —dijo ella, muy contenta.

Yo la miré sorprendido.

—**¿Te parece guay?** ¿Hacer un concurso de tortillas te parece guay?
—¡Me parece una idea genial! **¡Qué divertido!** ¿Cuándo empezamos? Ahora tengo que irme al trabajo, pero podemos hablar esta noche o mañana.
—¿Has dicho "empezamos"? ¿En plural? ¿He oído bien? –le pregunté yo muy sorprendido.

—Sí, has oído bien. He dicho "empezamos", en plural. ¿No quieres mi ayuda?

—Lola, yo he dicho que la escuela está organizando un concurso de tortillas, pero no he dicho que yo quiero participar…

—¿Estás loco? ¿No quieres participar en el concurso de tortillas de tu escuela de español? ¿Por qué? ¡Puede ser muy divertido! –exclamó Lola contenta.

—No sé, bueno, es que, por ejemplo… por ejemplo, yo no sé cocinar. Yo no sé hacer una tortilla de patatas. Nunca he hecho una tortilla de patatas —dije yo, como excusa.

—**¡No importa!** ¡Yo puedo enseñarte! **Yo sí sé hacer tortillas de patatas.** Yo hago tortillas de patatas muy buenas. Me enseñó mi madre. Mi madre ha sido cocinera toda su vida y cocina muy bien. **Ella me enseñó a hacer tortillas de patatas y las hago muy bien, ¿sabes? ¡Para chuparse los dedos!** Las tortillas que yo hago son para chuparse los dedos!

Yo la miré un poco escéptico.

—¿En serio? ¿De verdad? ¿Tú sabes hacer tortilla de patatas, Lola? Desde que te conozco nunca te he visto hacer una tortilla de patatas. Bueno, ni una tortilla de patatas ni nada. De hecho, creo que **desde que vivimos juntos nunca te he visto cocinar nada** —le dije yo sonriendo.

Sin embargo, Lola no sonrió. Ella me miró seria. Muy, muy seria.

—¿Qué? ¿Qué has dicho? ¿Qué nunca me has visto cocinar nada? William, escucha, te voy a decir algo importante: nunca me has visto hacer nada en la cocina porque no tengo tiempo de cocinar, ¿entiendes? Por la mañana estudio en la universidad y por la noche trabajo en un bar, ¿recuerdas?
—Lo sé, Lola, yo solo...
—**Además**, ¿por qué tengo yo que cocinar? ¿Por qué tengo que cocinar yo para ti? ¿Por qué? ¿Porque soy una mujer? ¿Crees que porque soy una mujer tengo que cocinar para ti? **¡Estás equivocado!** ¡Estás muy equivocado! ¿Crees que porque soy una mujer tengo que limpiar la casa, lavar tu ropa, **plancharla** y cocinar cada día para ti? ¡Estás equivocado! ¡Estás muy equivocado, William!
—Pero, bueno, Lola, Lolita, no te enfades conmigo, mujer. Yo no he dicho que tú tienes que cocinar para mí...
—¡Machista! ¡Eres un machista! —me dijo Lola, abriendo la puerta del piso. Me voy porque llego tarde al trabajo, pero luego hablamos. Tenemos que hablar, William, tenemos que hablar. No me gustan los hombres machistas. Nunca me han gustado los hombres machistas.
—Pero, Lola, Lolita, yo no...

—En lugar de decirme que yo nunca cocino para ti, ¿por qué no cocinas tú para mí? ¿Eh? ¿Por qué no cocinas tú nunca para mí, William?

—Pero, Lolita, yo no…

—¡Machista! ¡Eres un machista, William! **—me gritó Lola desde la puerta del piso.** ¿Por qué no cocinas tú para mí? ¿Qué tienes que hacer tú? ¿Eh? Tú no haces nada, William, tú no haces nada durante toda la semana. Estás todo el día aquí, en casa, sin hacer nada. Vas a clase de español una vez a la semana. Eso es todo.

—Yo también trabajo. Trabajo poco, pero trabajo. Doy clases particulares de inglés, ¿recuerdas? -le dije yo.

—Tienes solo tres o cuatro estudiantes, William. Das clase de inglés tres o cuatro horas a la semana solamente. **¿Llamas a eso trabajar? ¡Eso no es un trabajo de verdad!** ¡Yo sí tengo un trabajo de verdad, pero tú no! -me gritó Lola, muy enfadada.

—Estoy buscando más estudiantes, pero no es fácil…

—¡Y en casa no haces nada! ¡No limpias el baño, **no pasas la aspiradora,** no lavas la ropa en la lavadora, no cocinas, no lavas los platos después de comer…! Cuando quieres comer, vas al McDonald´s. **Por eso estás tan gordo, ¿sabes?** Porque vas casi todos los días al McDonald´s a comer.

—Pero, Lolita, yo…

—¿Qué haces tú en casa? ¡No haces nada, William, no haces nada! Eres muy machista, William, eres muy machista y a mí nunca me han gustado los hombres machistas. **Mañana hablamos.** Tenemos que hablar. Esta noche, no. Cuando vuelvo del trabajo por la noche es tarde y estoy siempre cansada; pero mañana tenemos que hablar. Sí, tenemos que hablar tú y yo.

—Pero, Lolita, yo…

—Tengo que irme. No quiero llegar tarde al trabajo. Yo trabajo, ¿recuerdas?

—Pero, Lolita, yo…

—**¡No me llames Lolita!** Me llamo Lola. No soy una niña, soy una mujer.

—Pero, Lolita, perdón, quiero decir Lola, yo…

—Mañana hablamos. Mañana tenemos que hablar —me gritó Lola, antes de cerrar la puerta y salir del piso.

Cuando me quedé solo, fui a la cocina, cogí una botella de cerveza fría del frigorífico y un paquete de patatas fritas con sabor a queso. Luego volví al salón y me senté de nuevo en el sofá. "Tiene razón. Lola tiene razón", pensé. "Tengo que cambiar. Tengo que mejorar, tengo que ser mejor o la voy a perder", me dije.

Es verdad. Nunca hago nada en casa. Me acuesto tarde y me levanto tarde. No estudio, **no tengo un trabajo "de verdad"** y no hago las tareas de la casa. No cocino nunca. Nunca hago el desayuno ni el almuerzo ni la cena. Después de comer, nunca lavo los platos sucios. Tampoco limpio la casa, no paso nunca la aspiradora. No limpio el cuarto de baño ni pongo la lavadora ni plancho la ropa. Tampoco hago la compra; cuando voy al supermercado solo compro galletas de chocolate, patatas fritas, cerveza y café. **Por eso en casa nunca hay nada para comer.** Voy al McDonald´s muy a menudo, demasiado a menudo, y me pongo morado de patatas fritas y Coca-Cola… Por eso estoy tan gordo. Lola tiene razón. Estoy tan gordo porque voy casi todos los días a comer al McDonald´s del barrio. **Tampoco hago ejercicio.** Solo hago ejercicio cuando se rompe el ascensor del edificio y hay que subir las escaleras a pie. **Pero aparte de eso, nada.** Nunca voy al gimnasio ni salgo a correr por la calle ni voy al parque a pasear ni monto en bicicleta.

"Lola tiene razón. **Soy un desastre.** Si no la quiero perder, tengo que cambiar", pensé otra vez.

Luego me levanté del sofá, fui de nuevo a la cocina, cogí otra botella de cerveza del frigorífico, otro paquete de patatas fritas y volví a sentarme otra vez en el sofá del salón. Más tarde puse la televisión, empecé a ver una serie mexicana y diez minutos después me quedé dormido.

La verdad es que no suelo beber alcohol. Bebo una cerveza a veces, pero no a menudo. Por eso, cuando bebo más de una cerveza, **enseguida tengo sueño y me quedo dormido.**

Me desperté dos horas después. **Escuché un ruido.** Abrí los ojos y vi al chico guapo delante de mí.

—¡Hola, Guillermito! ¿Duermes?
—¡Borja!
—¿Te he despertado? ¡Lo siento!
—No, no, bueno, sí, pero no importa, no importa, no pasa nada… Creo que me quedé dormido viendo la tele.
—Lo siento, lo siento, de verdad —dijo Borja otra vez.
—Pero, ¿qué haces aquí? ¿Cómo has entrado? ¿Quién te ha dado la llave del piso? —le pregunté yo, sorprendido.
—**Me mudé ayer, ¿recuerdas?** Vivo aquí con Lola y contigo. Desde ayer —me contestó él sonriendo.

Yo lo miré. Él también me miró, sonriendo, con el móvil en la mano. Entonces recordé. Entonces recordé todo: "El chico guapo se ha mudado esta semana. Ahora vive con nosotros, con Lola y conmigo".

—¡Ah, sí, es verdad! ¡Ahora lo recuerdo! Perdona, Borja, lo siento. Creo que todavía no me he despertado. Creo que todavía estoy durmiendo.

—¿Quieres un café? Yo voy a preparar café para mí. **Si quieres hago café también para ti** —me preguntó el chico guapo sonriendo.

—Sí, gracias, es una buena idea. Creo que necesito un café. **Me duele un poco la cabeza.**

Cuando el chico guapo se fue a la cocina, me levanté del sofá y **me vi en el espejo del salón**. Recuerdo que pensé: "¡Qué horror! ¡Parezco un borracho! ¡Tengo un aspecto horrible!"

Luego **miré a mi alrededor**. Vi las dos botellas de cerveza y los dos paquetes de patatas fritas en el suelo. Recuerdo que pensé: "¡Qué vergüenza! **¡Menos mal que Lola no me ha visto así!** Menos mal que el chico guapo me ha despertado. Si el chico guapo no me despierta; si Lola llega del trabajo y me encuentra durmiendo en el sofá, borracho, **rodeado de botellas de cerveza vacías**... **¡Me deja, estoy seguro de que me deja,** estoy seguro de que Lola me deja si alguna vez me encuentra así!"

¡Qué vergüenza!

—Toma, aquí tienes —me dijo el chico guapo con una gran sonrisa, ofreciéndome una taza de café—. Ten cuidado: está muy caliente.

Cogí la taza y le di las gracias. Luego me senté de nuevo en el sofá. Él se sentó en una silla, **enfrente de mí**.

—¿Te duele la cabeza todavía? ¿Quieres una aspirina? Tengo aspirinas en mi dormitorio.
—No gracias, **ya estoy mejor, eres muy amable** —le dije yo.
—Gracias, se dice gracias, no "gracies" —me contestó él sonriendo.
—¡Ah, vale! Sí, tienes razón, todavía no pronuncio bien algunas palabras —le dije yo un poco sorprendido.

Luego volví a pensar en Lola.

—Borja, ¿te puedo pedir un favor? —le pregunté.
—Claro, dime, Guillermito. Si puedo, lo haré encantado —me contestó él, sin dejar de sonreír.

—Por favor, no le digas a Lola nada de esto. No le digas que me has visto aquí durmiendo…

—¡Por favor, Guillermito! ¡Por supuesto que no! ¿Quién piensas que soy? **¡No soy tan tonto!** —me dijo, mirándome a los ojos muy serio.

—Es que tenemos problemas y no quiero que ella…

—**¡Tranquilo, hombre, no te preocupes!** No voy a decirle a tu novia que te he encontrado aquí, solo, borracho, **tumbado en el sofá como un perdedor.** Este será nuestro pequeño secreto —me dijo el chico guapo, sonriendo de nuevo.

—Gracias, de verdad. Es muy importante para mí –le dije yo de nuevo.

—Gracias, no "gracies". Guillermito, tienes que mejorar tu pronunciación —volvió a corregirme él, sin dejar de sonreír.

No sé por qué, pero en aquel momento pensé en Edoardo, el chico italiano de mi clase de español.

Vocabulario 8

¡Qué guay! How cool!

¿Te parece guay? Do you think it's cool?

¡Qué divertido! What fun! How fun!

¡No importa! It doesn´t matter!

Yo sí sé hacer tortillas de patatas. I do know how to make potato omelettes.

Ella me enseñó a hacer tortillas de patatas y las hago muy bien, ¿sabes? She taught me how to make potato omelettes and I make them very well, you know?

Para chuparse los dedos. Delicious (literally: to lick your fingers).

Yo la miré un poco escéptico. I looked at her a bit skeptically.

desde que vivimos juntos nunca te he visto cocinar nada. Since we started living together, I've never seen you cook anything.

Además. Furthermore, besides, also, moreover.

¡Estás equivocado! You're wrong!

Plancharla. Iron it (la ropa).

me gritó Lola desde la puerta del piso. Lola shouted at me from the door of the apartment.

¿Llamas a eso trabajar? ¡Eso no es un trabajo de verdad! You call that working? That's not a real job!

no pasas la aspiradora. You don´t vacuum.

Por eso estás tan gordo, ¿sabes? That's why you're so fat, you know?

Mañana hablamos. Let's talk tomorrow.

¡No me llames Lolita! Don´t call me Lolita!

no tengo un trabajo "de verdad". I don´t have a "real" job.

Por eso en casa nunca hay nada para comer. That's why at home there's never anything to eat.

Tampoco hago ejercicio. I don´t exercise either.

Pero aparte de eso, nada. But other than that, nothing.

Soy un desastre. I'm hopeless.

enseguida tengo sueño y me quedo dormido. I get sleepy right away and I fall asleep.

Escuché un ruido. I heard a noise.

Me mudé ayer, ¿recuerdas? I moved in yesterday, remember?

Si quieres hago café también para ti. If you want, I'll make coffee for you too.

Me duele un poco la cabeza. My head hurts a little.

me vi en el espejo del salón. I saw myself in the living room mirror.

¡Qué horror! How awful!

¡Parezco un borracho! I look like a drunk!

¡Tengo un aspecto horrible! I look horrible!

miré a mi alrededor. I looked around.

¡Qué vergüenza! How embarrassing!

¡Menos mal que Lola no me ha visto así! Good thing Lola didn't see me like this!

rodeado de botellas de cerveza vacías. Surrounded by empty beer bottles.

¡Me deja, estoy seguro de que me deja. (She'll) leave me, I'm sure she'll leave me.

enfrente de mí. In front of me, opposite to me.

ya estoy mejor, eres muy amable. I'm better now, you're very kind.

¡No soy tan tonto! I'm not that stupid!

¡Tranquilo, hombre, no te preocupes! Calm down, man, don't worry!

tumbado en el sofá como un perdedor. Lying on the couch like a loser.

9. Un hombre fascinante

El miércoles pasado Laura, la profe de español, llegó a tiempo a clase. Fue una sorpresa para todos. De hecho, llegó a las nueve menos diez, es decir, **diez minutos antes de la hora.**

Yo pensé: **"¡Qué raro!"** Normalmente la clase empieza a las nueve de la mañana, pero **Laura suele llegar a las nueve y cuarto** y a veces a las nueve y media. **Sin embargo**, el miércoles pasado Laura llegó a las nueve menos diez. Yo pensé: "¡Qué raro! ¿Por qué ha venido hoy Laura tan temprano a clase? ¿Qué ha pasado? ¿Está enferma?"

La profe llegó a la clase muy seria. Dijo "hola, buenos días" y **se sentó detrás de su mesa**, en su silla, sin decir nada, en silencio. Un rato después, unos diez minutos más tarde, **a las nueve en punto, se levantó de la silla**.

—Chicos, Edoardo ha hablado conmigo y me ha dicho que no os gustan mis clases —nos dijo Laura, muy seria—. Si no estáis contentos conmigo, si no os gustan mis clases, podemos hablar con el director. Hay otros profesores de español en la escuela. La mayoría no hablan inglés en clase. Bueno, ni en clase ni fuera de la clase. **De hecho, la mayoría de los profesores de esta escuela no saben hablar inglés.**

—Nos gustan tus clases, Laura. Estamos contentos contigo, no queremos dar clase con otro profesor, pero creemos que hablas demasiado en inglés con nosotros —dijo Marie, la chica francesa.

—Yo pienso que eres una profesora muy buena y estoy muy contenta contigo, Laura; sin embargo, también creo que usas demasiado el inglés en clase —dijo Yoko.

—Pero, chicos, vuestro español es muy básico. **Vosotros sois principiantes.** Si explico la gramática en español, no vais a entender nada —nos dijo Laura—. Normalmente solo hablo en inglés cuando tengo que explicar gramática.

—Vale, de acuerdo, tienes razón: somos principiantes; sin embargo, yo creo que **podemos entenderte bien si hablas despacio, si no hablas muy deprisa** —dije yo.

Después de un rato discutiendo, Laura dijo: "Vale, chicos, voy a intentarlo. **Desde hoy hablo solo español en clase**".

—¡**Qué bien!** —dijo Marie—. ¡Gracias, Laura, muchas gracias por escucharnos!
—También me ha dicho Edoardo que pensáis que **llego tarde a clase a menudo** –continuó diciendo la profe.
—La semana pasada llegaste veinte minutos tarde, Laura —le contestó Rosita, la señora austriaca.
—Es verdad, tenéis razón. **Es uno de mis peores defectos. Llego a menudo tarde a las citas**. Todos mis amigos dicen que soy muy impuntual. Pero voy a intentar mejorar. Voy a intentar llegar cada día a las nueve menos diez, unos diez minutos antes del principio de la clase.

Todos aplaudimos. Todos aplaudimos y sonreímos a Laura **por ser tan sincera con nosotros, por ser tan valiente, por admitir sus defectos y por intentar mejorar.**

Al final de la clase, como todos los miércoles, las chicas de la clase y yo fuimos al bar de la escuela. Solemos ir al bar a tomar un café después de la lección con Laura para hablar en español y practicar un poco más entre nosotros. **"Para mejorar hay que practicar",** suele decir Rosita.

Normalmente nos sentamos en una mesa que hay al lado de la ventana.

—¿Y Edoardo? ¿Dónde está Edoardo? —preguntó Yoko.
—Sí, es verdad, Edoardo no ha venido hoy a clase —dijo Marie.— ¡Qué raro! Él suele venir a clase siempre.

Yo no dije nada, pero pensé: "**Mejor, mucho mejor. Mucho mejor sin Edoardo**". Como ya he dicho antes, a mí no me gusta mucho el chico italiano de la clase.

—**Tenemos que darle las gracias por haber hablado con Laura** —dijo Rosita.
—Sí, es verdad. Edoardo ha sido muy valiente —dijo Yoko.
—**No es fácil hablar con una profesora y decirle las cosas que hace mal** —dijo Marie.
—**Hay que tener mucho tacto** —dijo Rosita.
—Hay que ser muy inteligente —dijo Yoko.
—Edoardo es muy inteligente —dijo Marie.
—Y guapo. Inteligente y guapo —dijo Yoko.
—**Yo no lo veo "guapo"** —dijo Marie—. Para mí, Edoardo no es guapo: es fascinante. Normalmente no me gustan los hombres guapos. Los hombres guapos tienen algo de femenino. No me atraen, no me atraen físicamente. **Prefiero**

Un hombre fascinante

los hombres menos guapos, incluso un poco feos, pero que tienen algo especial, algo que les hace fascinantes. Como Edoardo.

—Sí, estoy de acuerdo, estoy completamente de acuerdo —dijo Rosita, la señora austriaca.— En la historia del cine, por ejemplo, ha habido hombres feos, pero fascinantes. Humphrey Bogart, por ejemplo: un hombre muy feo, pero fascinante.

—Sí, es verdad, de hecho, **Edoardo se parece un poco a Humphrey Bogart**, ¿verdad? —dijo Yoko.

—¡Sí, sí, sí! ¡Es verdad, es verdad! —dijeron Rosita y Marie al mismo tiempo.

—¡**Edoardo es tan fascinante como Bogart!** —dijo Marie, para concluir la conversación.

Yo no dije nada, pero pensé: "**Me ignoran. Me están ignorando por completo. ¿Me ven? ¿Me están viendo?** ¿Saben que estoy aquí, en la mesa, sentado con ellas?"

Me sentí triste, me sentí ignorado y pensé: "Nadie recuerda que yo hablé con Laura hace unos meses y que le pedí ser puntual y hablar en español en clase, no en inglés. Nadie lo recuerda. Nadie recuerda que yo fui el primero en hablar de este tema".

Un rato más tarde me despedí de las chicas. Les dije: "¡Adiós, hasta la próxima semana!". Solo Rosita me contestó. Las otras dos chicas, Marie y Yoko, no contestaron a mi saludo y continuaron hablando de Edoardo, el chico fascinante de la clase.

Más tarde, ya en la calle, caminando hacia casa, pensé: "Es la historia de mi vida. **Nadie me escucha, nadie me ve, nadie me toma en serio**".

Nadie, excepto Lola. Lola no me ignora. Lola me escucha, me ve, me toma en serio, me ama. Tengo suerte de estar con ella. Tengo suerte de vivir con ella. Cuando estoy con Lola estoy contento.

Sin embargo, a veces tengo miedo. A veces tengo miedo de perderla. Por eso no me gusta el chico guapo que se ha mudado a nuestro piso y que ahora vive con nosotros. Él también es un chico "fascinante", supongo, como Edoardo. Estoy harto de chicos fascinantes. Quizás soy demasiado celoso. ¿Soy demasiado celoso? No sé, quizás, tal vez, puede ser. Quizás soy demasiado inseguro. ¿Soy demasiado inseguro? No sé, quizás, tal vez, puede ser.

Cuando llegué a casa dije en voz alta: "¡Hola! ¡Soy yo! ¿Hay alguien?". Nadie me contestó. Pensé: "Mejor, mucho mejor. Así es mucho mejor. Quiero estar solo. **Quiero estar un rato solo**. Necesito estar un rato solo".

Fui al cuarto de baño. **Me desnudé**. Me quité la ropa. Me quité toda la ropa. Luego **me puse delante del espejo para verme**. Sin embargo, no pude verme bien. Me dije: "El espejo del cuarto de baño es muy pequeño. Solo puedo verme la cabeza, el cuello, los hombros, el pecho… No puedo verme todo el cuerpo. Necesito verme todo el cuerpo. Necesito verme desnudo completamente, desde la cabeza hasta los pies".

Entonces recordé el espejo del salón: "¡Ah, sí, el espejo del salón es mucho más grande que el espejo del cuarto de baño! **En el espejo del salón me puedo ver mejor**". Abrí la puerta, salí del baño y fui al salón **tal y como vine al mundo por primera vez**, tal y como vine al mundo cuando nací: **llevando solo el traje de Adán**, es decir, completamente desnudo.

Llegué al salón y me puse delante del espejo. Me miré. Mirándome al espejo me dije: "¡Qué gordo! ¡Qué gordo estás, William! Tienes que hacer algo. Tienes que hacer algo para perder peso, para adelgazar".

Me miré el estómago, me miré los muslos, me miré la cintura, me miré los brazos, me miré el cuello, me miré la cara… demasiada grasa, demasiada carne flácida. Me dije: "No, William, no eres guapo. Estás demasiado gordo. **No eres nada guapo, no eres nada atractivo**. Si no quieres perder a Lola, tienes que perder peso".

Tomé la decisión de ir al gimnasio y comer mejor. Me dije: "Tienes que ir al gimnasio. Tienes que ir al gimnasio **al menos** tres veces a la semana. Para adelgazar hay que hacer ejercicio. Y comer menos. Bueno, no solo comer menos: hay que comer mejor. **Para adelgazar hay que hacer ejercicio y comer menos y mejor**".

Luego **me acerqué al espejo** para verme la cara y los ojos. Me miré a los ojos. **No vi nada interesante en mis ojos, en mi forma de mirar**. Nada. Entonces me dije: "Tampoco eres fascinante, William. No eres ni guapo ni fascinante. Si no quieres perder a Lola, tienes que ser más fascinante".

Me pregunté: "¿Cómo puedo ser más fascinante? ¿Qué hay que hacer para ser un hombre fascinante? No me importa ser feo, si puedo ser fascinante. ¿Qué significa ser fascinante? No estoy seguro. Tengo que hablar con Lola. Quizás ella lo sabe, tal vez ella sabe qué es ser fascinante".

Entonces, de repente, escuché un ruido. **Me di la vuelta, pero no vi a nadie**.

—¿Quién es? ¿Quién hay ahí? ¿Hay alguien ahí? —dije en voz alta.

Nadie me contestó. No vi a nadie.

Volví a mirarme al espejo. Volví a mirarme los muslos, el estómago, los brazos, la cara, los ojos… Entonces escuché de nuevo un ruido. El mismo ruido de antes. Me di la vuelta otra vez. Miré hacia la izquierda. No vi nada. Miré hacia la derecha, pero tampoco vi a nadie…

Pero, de repente, de repente…

"¿Eh? ¡Un momento! ¿Qué es eso?"

¡Dos zapatos!

De repente vi dos zapatos. Debajo de las cortinas, **debajo de las cortinas de la ventana vi dos zapatos, dos zapatos de hombre.** Tuve miedo. Tuve mucho miedo.

—¿Quién es? ¿Quién hay ahí? —dije yo, en voz alta, mirando los zapatos.

No hubo respuesta. El tipo detrás de las cortinas no dijo nada.

—¡Sé que estás detrás de las cortinas! **¡Sal de ahí!** ¡Te he visto! —grité yo de nuevo.

Entonces, las cortinas se abrieron y vi la cara del chico guapo, sonriendo, sonriéndome.

—¡Hola, Guillermito!
—¡Borja! ¿Tú?
—Lo siento, pero…

Yo no dije nada. Me vi desnudo en medio del salón, delante del espejo, y pensé: "¡Qué vergüenza, Dios mío, qué vergüenza!".

¡Qué vergüenza!

Me puse una mano delante y otra mano detrás para cubrirme un poco el cuerpo desnudo y salí del salón corriendo muy deprisa. En el baño me puse la ropa y me vestí.

Desde el baño pude escuchar a Borja riéndose. Cuando volví al salón, ya vestido, lo encontré sentado en el sofá, mirando el móvil y riéndose.

Luego, el chico guapo levantó los ojos, me miró y volvió a sonreírme.

—¡Tranquilo, Guillermito, no te preocupes! No voy a decirle nada a Lola. Todos tenemos nuestros pequeños secretos.
—¿Secretos? Yo no tengo secretos para Lola —le dije yo, un poco enfadado.
—Claro, claro, por supuesto, por supuesto —me dijo el chico guapo, sin dejar de sonreír—. Por cierto, no se dice "tengow", se dice "tengo". Tienes que mejorar un poco tu pronunciación, Guillermito.

No le contesté. No le dije nada más, pero pensé: "Guillermito. Me ha llamado Guillermito". Me pareció extraño. Todo el mundo me llama William o Willy o Will. Solo Edoardo me llama "Guillermito", un nombre que odio, un nombre que no me gusta nada. Ahora, Borja también me llama Guillermito. ¿Coincidencia?

Vocabulario 9

diez minutos antes de la hora. Ten minutes before the hour.

¡Qué raro! That's weird!

Laura suele llegar a las nueve y cuarto. Laura usually arrives at a quarter past nine.

Sin embargo. However.

se sentó detrás de su mesa. She sat behind her desk.

a las nueve en punto, se levantó de la silla. At nine o'clock, she got up from her chair.

De hecho, la mayoría de los profesores de esta escuela no saben hablar inglés. In fact, most of the teachers at this school don't know how to speak English.

Vosotros sois principiantes. You are beginners.

podemos entenderte bien si hablas despacio, si no hablas muy deprisa. We can understand you well if you speak slowly, if you don't talk too fast.

Desde hoy hablo solo español en clase. From today on, I will speak only Spanish in class.

¡Qué bien! That's great!

llego tarde a clase a menudo. I arrive late to class a lot.

Es uno de mis peores defectos. It's one of my worst failings.

Llego a menudo tarde a las citas. I often arrive late for appointments.

Todos aplaudimos. We all applauded.

por ser tan sincera con nosotros, por ser tan valiente, por admitir sus defectos y por intentar mejorar. For being so sincere with us, for being so brave, for admitting her shortcomings and for trying to improve.

Para mejorar hay que practicar. To improve you have to practice.

Mejor, mucho mejor. Mucho mejor sin Edoardo. Better, much better. Much better without Edoardo.

Tenemos que darle las gracias por haber hablado con Laura. We have to thank him for talking to Laura.

No es fácil hablar con una profesora y decirle las cosas que hace mal. It's not easy to talk to a teacher and tell her what she does wrong.

Hay que tener mucho tacto. You have to be very tactful.

Yo no lo veo "guapo". I don't see him as "handsome."

Prefiero los hombres menos guapos, incluso un poco feos, pero que tienen algo especial, algo que les hace fascinantes. I prefer less handsome men, even a little ugly, but that have something special, something that makes them fascinating.

Edoardo se parece un poco a Humphrey Bogart. Edoardo looks a bit like Humphrey Bogart.

¡Edoardo es tan fascinante como Bogart! Edoardo is as fascinating as Bogart!

Me ignoran. Me están ignorando por completo. ¿Me ven? ¿Me están viendo? They ignore me. They are ignoring me completely. Do they see me? Are they actually seeing me?

Nadie me escucha, nadie me ve, nadie me toma en serio. Nobody listens to me, nobody sees me, nobody takes me seriously.

Quiero estar un rato solo. I want to be alone for a while.

Me desnudé. I undressed.

me puse delante del espejo para verme. I stood in front of the mirror (literally: I put myself in front of the mirror) to see myself.

En el espejo del salón me puedo ver mejor. I can see myself better in the living room mirror.

tal y como vine al mundo por primera vez. Just as I came into the world for the first time.

llevando solo el traje de Adán. Wearing only my birthday suit. (Literally: the suit of Adam.)

No eres nada guapo, no eres nada atractivo. You're not handsome, you're not attractive at all.

al menos. At least.

Para adelgazar hay que hacer ejercicio y comer menos y mejor. To lose weight you have to exercise and eat less and better.

me acerqué al espejo. I went up to the mirror.

No vi nada interesante en mis ojos, en mi forma de mirar. I saw nothing interesting in my eyes, in the way I look.

Me di la vuelta, pero no vi a nadie. I turned around, but I didn´t see anyone.

debajo de las cortinas de la ventana vi dos zapatos, dos zapatos de hombre. Under the window curtains, I saw two shoes, two men's shoes.

¡Sal de ahí! Get out of there!

Me puse una mano delante y otra mano detrás. I put one hand in front and another hand behind me.

10. Un políglota

Los jueves Lola no empieza sus clases en la universidad **hasta las doce y media**. **Es el único día de la semana que tenemos para desayunar juntos, para charlar un poco y para preguntarnos qué tal nos va.** El resto de la semana nos vemos poco. Lola estudia por la mañana y trabaja por la tarde. Tenemos poco tiempo para estar juntos.

De lunes a viernes, yo me suelo levantar tarde. Me levanto a las nueve de la mañana, más o menos. Y cuando me levanto, normalmente Lola ya se ha ido a la universidad. **Por eso, la mayoría de los días desayuno solo**.

Sin embargo, el miércoles pasado por la noche, antes de acostarme, **puse el despertador a las siete de la mañana**. Pensé: "Tengo que levantarme más temprano, tengo que levantarme antes que Lola y preparar el desayuno para los dos. Además, tengo que comer menos **desde ahora en adelante. Si no quiero perder a Lola, tengo que perder peso**. Tengo que cambiar mi vida: tengo que adelgazar y tengo que ser más fascinante".

Yo sé muy bien lo que hay que hacer para perder peso: hay que hacer más ejercicio y hay que comer menos. No solo hay que comer menos: hay que comer bien. Me dije: "Si no quiero perder a Lola, tengo que comer menos y mejor". Sí, yo sé muy bien lo que hay que hacer para perder peso. Sin embargo, todavía no sé qué hay que hacer para ser más fascinante, para ser tan fascinante como Edoardo, por ejemplo.

El miércoles por la noche **me dormí pensando en Edoardo** y haciéndome estas preguntas: ¿Qué significa "ser fascinante"? ¿Por qué es Edoardo tan fascinante y yo no? ¿Se puede aprender a ser fascinante? **¿Qué puedo hacer para ser tan fascinante como Edoardo?**

Cuando me desperté al día siguiente por la mañana, lo primero que pensé fue: "¡No quiero perder a Lola, no quiero perderla! ¡Ella es lo único que tengo!". Tuve miedo. Recordé nuestra última conversación y tuve miedo. Estas fueron sus palabras: "¿Qué haces tú en casa? ¡No haces nada, William, no haces nada! Eres muy machista, William, eres muy machista y a mí nunca me han gustado los hombres machistas".

Cuando tu chica te habla así es porque está cansada de ti, porque está cansada de estar contigo, porque está pensando en dejarte, porque **no le gustas tanto como antes**, porque quizás se está enamorando de otro…

Tuve miedo. Tuve mucho miedo.

Miré el reloj: las siete y media. Me levanté deprisa. Cuando llegué a la cocina, pensé: "Lola todavía no se ha levantado, todavía está durmiendo. Mejor, mucho mejor. Voy a preparar un buen desayuno. **Voy a darle una sorpresa** y voy a preparar un desayuno riquísimo para los dos, un desayuno para chuparse los dedos".

Hice café y preparé huevos fritos, tostadas con mantequilla, mermelada y yogur. También preparé cereales, los cereales favoritos de Lola, y una macedonia de frutas con plátanos, melocotones, manzanas y fresas. **Luego puse la mesa**.

En la mesa puse el café, puse las tostadas, puse los huevos fritos, puse la mantequilla, puse la mermelada, puse el yogur, puse los cereales, puse la fruta, puse los cubiertos, puse las servilletas... **Lo puse todo.**

Mirando la mesa, me pregunté: "**¿Qué falta? ¿Falta algo?** Sí, falta algo, pero no sé qué es..." De repente, comprendí: "¡Flores! **¡Faltan flores!**". A todas las mujeres les encantan las flores. **Cuando tu chica se enfada contigo, tienes que regalarle flores.** Si quieres pedirle perdón, tienes que regalarle flores. A las mujeres hay que regalarles flores siempre, pero especialmente cuando están enfadadas o cuando quieres pedirles perdón.

Me dije: "¿Cómo he podido ser tan idiota? ¿Cómo puedo ser fascinante si olvido cosas tan obvias? **Más tarde salgo y le compro un ramo de flores**".

Un rato después llegó Lola a la cocina.

—¡Buenos días, Lola! ¿Has dormido bien? —le pregunté yo, con una gran sonrisa.
—¿Qué haces **tan pronto** en la cocina, William? —me preguntó ella con los ojos muy abiertos, con los ojos abiertos como platos, muy sorprendida de encontrarme en la cocina.
—Hoy me he levantado un poco antes para preparar el desayuno. Así podemos desayunar juntos, Lolita.

Lolita. La llamé Lolita. Fue un error.

—Lola, me llamo Lola, ¿entiendes? Te lo dije la última vez que hablamos, ¿recuerdas? Ahora te lo digo también en inglés porque creo que no me entiendes: *I don´t like " Lolita", do you understand? Call me Lola, please*!
—Vale, vale, perdona, Lola, perdona.
—**¿Qué es todo esto?** —dijo ella, mirando la mesa con los ojos muy abiertos, tan abiertos como los platos sobre la mesa.
—**Siéntate, ya todo está listo** —le dije yo.

Lola se sentó a la mesa. Primero miró el desayuno. Luego me miró a mí.
—**No tengo mucha hambre.** Yo por las mañanas no suelo comer tanto. Además, anoche cenamos mucho —dijo Lola.
—¿Cenamos? ¿Con quién cenaste? **¿Fuiste a cenar con alguien?** —le pregunté yo, sorprendido.
—¿Café? ¿Has hecho café para mí? Yo no tomo café, ¿recuerdas? —me dijo ella, ignorando mi pregunta.
—¡Oh, es verdad, Lola! Lo olvidé, olvidé que tú tomas té por las mañanas —dije yo, nervioso.
—¿Huevos fritos? ¿Has hecho huevos fritos? ¿Huevos fritos por la mañana? —Me preguntó ella, muy seria.
—¿No te gustan?

—Como huevos solo una o dos veces a la semana, pero nunca por la mañana, nunca para desayunar.

—¡Lo siento, Lola, lo siento! A mí me gustan mucho los huevos para desayunar, pero…

—**¡Pero a mí no!** —dijo ella alzando la voz. ¡A mí no! ¿Entiendes?

—Sí, sí, claro, claro… Pero también he hecho tostadas. Tostadas con mantequilla y mermelada —dije yo muy nervioso, en voz baja.

Lola miró las tostadas y cogió una de ellas con la mano.

—¡Están frías! ¡Las tostadas están frías! —dijo ella, alzando de nuevo la voz, muy seria, enfadada.

—¡Lo siento, Lola, lo siento! **Las hice hace un rato y ya se han enfriado.** Pero no te preocupes, ahora mismo hago más tostadas. Voy a tostar más pan y a hacer más tostadas para los dos, para ti y también para mí. A mí tampoco me gustan las tostadas frías. Voy a hacer más tostadas para los dos, para ti y para mí. Enseguida están listas —dije yo muy nervioso, sudando. **Cuando estoy nervioso sudo mucho y hago y digo muchas tonterías.**

—No te preocupes, William, no te preocupes. Como galletas de chocolate. ¿Hay galletas de chocolate? Si hay galletas de chocolate, tomo té con galletas de chocolate.

—¿Estás segura? **Puedo volver a hacer más tostadas**…

—¡No, gracias! ¡Quiero galletas de chocolate y té, como siempre! —me dijo Lola, alzando de nuevo la voz, **cada vez más enfadada**.

—¡Claro, claro! Espera un momento, Lola, espera un momento. Aquí en el armario de la cocina no hay galletas, pero en mi habitación tengo un paquete nuevo que compré ayer. **Voy, las cojo y vuelvo enseguida** —dije yo, cada vez más nervioso, cada vez más preocupado.

Fui a mi dormitorio y cogí el paquete de galletas de chocolate. Cuando volví a la cocina encontré al chico guapo sentado en la mesa de la cocina, bebiendo café (mi café), comiendo tostadas (mis tostadas) y hablando con Lola (mi Lola).

—¡Borja! ¿Ya te has levantado? —exclamé yo, muy sorprendido.

—¡Gracias por el café, Guillermito! ¡Pero las tostadas están frías! —dijo el chico guapo cuando me vio entrar en la cocina.

—¡Jajaja! **¡Te lo dije!** ¡Te lo dije! Yo odio las tostadas frías. Yo no puedo comer tostadas frías —me dijo Lola, riéndose.

—Sí, sí, lo siento, las hice esta mañana temprano, pero... —dije yo, muy nervioso.

—¡No te preocupes, hombre! ¡Enseguida hago yo más tostadas! Voy a hacer tostadas para los tres —dijo el chico guapo, levantándose de la mesa.

—No, no te preocupes, Borja. No es necesario. Lola quiere comer galletas de chocolate —le dije yo, abriendo el paquete de galletas y poniéndolo sobre la mesa.

—Bueno, la verdad es que, **pensándolo mejor,** quizás como yo también un par de tostadas. Si vas a hacer más tostadas, Borja, **haz también para mí, por favor**. Desayuno galletas de chocolate todos los días. Hoy quiero comer algo diferente —le dijo Lola al chico guapo, sonriéndole.

Yo la miré sorprendido, pero no le dije nada.

—¿Te preparo el té, Lola? —le pregunté un poco más tarde.
—No te preocupes, William, hoy tomo café —me contestó ella—. ¿Puedes hacer más café, Borja, por favor? **Todavía no me he despertado**.
—Sí, claro, por supuesto, enseguida —le contestó él, sonriéndole.

Yo miré a Lola de nuevo, muy sorprendido, pero no le dije nada. Después de un rato, nos sentamos a la mesa y empezamos a desayunar los tres juntos. Yo cogí mi taza y bebí un poco de café.

—¡Qué caliente! ¡*Es* muy caliente! *Es* demasiado caliente para mí —dije yo y volví a poner la taza sobre la mesa.
—¡ESTÁ! ¡ESTÁ caliente! Se dice ESTÁ CALIENTE —me corrigió el chico guapo, sonriéndome.
—¡Jajaja! William todavía no ha entendido la diferencia entre ser y estar —dijo Lola, riéndose.

Yo me puse rojo. Me puse rojo como un tomate.

—¡Lo siento, lo siento! Sí, es verdad, todavía no he entendido bien la diferencia entre ser y estar, es verdad, lo siento. **Cometo muchos errores**.
—¡Bah, no te preocupes! Es normal cometer errores cuando se está empezando a aprender una lengua. Tú estás empezando a aprender español ahora, ¿no? —me preguntó el chico guapo.
—¿Empezando? ¿Empezando a estudiar español ahora? ¡Jajaja! —dijo Lola, riéndose de nuevo.

Yo volví a ponerme rojo. Me puse rojo como un tomate **otra vez**.

—Bueno, en realidad, empecé a estudiar español **hace poco tiempo**. Hace solo un año… —dije yo, en voz baja.

—¡Un año! ¡Empezaste a estudiar español hace un año! ¿En serio? —exclamó el chico guapo, mirándome con los ojos muy abiertos, con los ojos como platos.

Lola se rió. **Se escondió la boca con la servilleta, pero yo la vi**. Lola se rió y yo volví a ponerme rojo, rojo como un tomate.

—Bueno, Borja, **no todo el mundo tiene tu facilidad para los idiomas**. William, ¿sabes que Borja habla ocho idiomas? Es increíble, ¿no? —dijo Lola.

—¿En serio? ¿Hablas ocho idiomas? ¡Increíble! —exclamé yo, muy sorprendido.

—Nueve. En realidad hablo nueve idiomas —dijo el chico guapo, **limpiándose la boca con la servilleta**.

—¿En serio? ¡Increíble! ¿Qué idiomas hablas? —le pregunté yo, con mucha curiosidad.

Para mí, el español es muy difícil. Por eso me sorprendí mucho cuando el chico guapo dijo "yo hablo nueve idiomas". Este tipo de personas se llaman "políglotas", es decir, que hablan varias lenguas. A veces en YouTube he visto vídeos de chicos o chicas que hablan muchos idiomas, no sé, seis, ocho, once idiomas diferentes… Los admiro, **admiro a estas personas que hablan tantos idiomas.**

—Hablo español, inglés, francés, italiano, alemán, polaco, japonés, ruso y coreano con fluidez. También sé un poco de árabe, pero todavía no lo hablo con fluidez.
—¡Guau! ¡Qué increíble! ¡Es realmente increíble! —exclamé yo.
—No es tan increíble como la gente piensa —me contestó el chico guapo—. Yo no soy más inteligente que otras personas. No soy tan especial como la gente piensa. Todos podemos aprender un idioma. Basta saber cómo hacerlo. Ese es el problema. La gente no sabe cómo aprender idiomas.
—William, ¿sabes que Borja aprendió polaco en solo treinta días? Y además lo hizo solo, sin ir a clase, sin profesor. ¡Es increíble! —dijo Lola.

¡Treinta días!

Yo miré al chico guapo con mucha admiración, pero también con un poco de celos y con mucha envidia. Estudiar español es muy difícil para mí y admiro mucho a las personas que hablan muchos idiomas. Yo empecé a ir a clase de español hace un año, pero todavía hablo muy mal. Todavía no hablo bien español. Todavía cometo muchos errores. Por ejemplo, hay muchas palabras que no sé pronunciar. Las palabras que tienen una o dos erres, por ejemplo, son muy difíciles para mí. Quizás porque soy inglés. Y además todavía no sé la diferencia entre "por" y "para", ni entre "ser" y "estar"...

—¡Bah! No es tan difícil como piensas –le dijo el chico guapo a Lola, sonriéndole otra vez—. **Todos podemos aprender un idioma en treinta días y sin esfuerzo. Basta saber cómo hacerlo.** También aprendí español en treinta días. Fue fácil. El español es uno de los idiomas más fáciles del mundo.

Yo miré al chico guapo con la boca abierta.

—¿Qué? ¿Cómo? ¿Tú no eres español? ¿Aprendiste español? ¿Aprendiste español en treinta días? ¿En solo treinta días? **¡No lo puedo creer!** ¿Me estás tomando el pelo? —le pregunté yo, muy sorprendido.

El chico guapo me miró, pero no me contestó. No me dijo nada. Luego miró a Lola y le sonrió otra vez.

Lola también miró al chico guapo y también le sonrió, pero ella tampoco dijo nada.

Yo giré la cabeza hacia la derecha y miré a Lola. Vi su cara, vi su boca, vi sus ojos. **Y no me gustó lo que vi.** No me gustó nada lo que vi en su cara ni en su boca y, sobre todo, no me gustó nada lo que vi en sus ojos.

Vocabulario 10

hasta las doce y media. Until twelve-thirty.

Es el único día de la semana que tenemos para desayunar juntos, para charlar un poco y para preguntarnos qué tal nos va. It's the only day of the week we have to eat breakfast together, to chat a little and to ask each other how things are going.

Por eso, la mayoría de los días desayuno solo. And so, most days I have breakfast by myself.

puse el despertador a las siete de la mañana. I set the alarm clock for seven in the morning.

desde ahora en adelante. From now on.

Si no quiero perder a Lola, tengo que perder peso. If I don´t want to lose Lola, I have to lose weight.

Yo sé muy bien lo que hay que hacer para perder peso. I know very well what you have to do to lose weight.

me dormí pensando en Edoardo. I fell asleep thinking about Edoardo.

¿Qué puedo hacer para ser tan fascinante como Edoardo? What can I do to be as fascinating as Edoardo?

no le gustas tanto como antes. (She) does not like you as much as before.

Voy a darle una sorpresa. I'm going to surprise her (Lola).

Luego puse la mesa. Then, I set the table.

Lo puse todo. I put everything out.

¿Qué falta? ¿Falta algo? What's missing? Is anything missing?

¡Faltan flores! There are no flowers!

Cuando tu chica se enfada contigo, tienes que regalarle flores. When your girl gets angry at you, you have to give her flowers.

Más tarde salgo y le compro un ramo de flores. Later on I'll go out and buy her a bouquet of flowers.

tan pronto. This early.

¿Qué es todo esto? What is all this?

Siéntate, ya todo está listo. Sit down, everything is ready.

No tengo mucha hambre. I'm not very hungry.

¿Fuiste a cenar con alguien? Did you go out for dinner with someone?

¡Pero a mí no! But I don´t!

Las hice hace un rato y ya se han enfriado. I made them a while ago and they have already cooled down.

Cuando estoy nervioso sudo mucho y hago y digo muchas tonterías. When I'm nervous, I sweat a lot and I do and say a lot of nonsense.

Puedo volver a hacer más tostadas. I can make some more toast.

cada vez más enfadada. Increasingly angry, angrier and angrier.

Voy, las cojo y vuelvo enseguida. I'll go get them and I'll be right back.

¡Te lo dije! I told you!

pensándolo mejor. On second thoughts.

haz también para mí, por favor. Make some for me too, please.

Todavía no me he despertado. I haven´t woken up yet.

Yo me puse rojo. Me puse rojo como un tomate. I blushed. I turned red like a tomato.

Cometo muchos errores. I make a lot of mistakes.

Yo volví a ponerme rojo. I turned red again.

otra vez. Again.

hace poco tiempo. Not long ago.

Se escondió la boca con la servilleta, pero yo la vi. (She, Lola) hid her mouth with her napkin, but I saw her (Lola).

no todo el mundo tiene tu facilidad para los idiomas. Not everyone has your talent for languages.

limpiándose la boca con la servilleta. Wiping his mouth with his napkin.

admiro a estas personas que hablan tantos idiomas. I admire these people who speak so many languages.

¡Guau! ¡Qué increíble! ¡Es realmente increíble! Wow! Incredible! That's really amazing!

Yo miré al chico guapo con mucha admiración, pero también con un poco de celos y con mucha envidia. I looked at the handsome guy with great admiration, but also with some jealousy and much envy.

Todos podemos aprender un idioma en treinta días y sin esfuerzo. Basta saber cómo hacerlo. We can all learn a language in thirty days and without effort. You just have to know how to do it. (It is enough to know how to do it).

¡No lo puedo creer! I can´t believe it!

Y no me gustó lo que vi. And I didn´t like what I saw.

11. Cómo hacer una tortilla

Cuando terminamos de desayunar, Lola se vistió y se fue a la universidad. El chico guapo también salió de casa. Fue al gimnasio. El chico guapo va al gimnasio todos los días de lunes a viernes. **Ser tan guapo tiene un precio, supongo**. Tienes que ir al gimnasio a menudo, por ejemplo.

Yo quité la mesa, lavé los platos, barrí el suelo y puse la cocina en orden. Lavando los platos, volví a recordar las palabras de Lola: "¿Qué haces tú en casa? ¡No haces nada, William, no haces nada! Eres muy machista, William, eres muy machista y a mí nunca me han gustado los hombres machistas". Y otra vez tuve miedo, otra vez tuve miedo de perder a Lola, a mi Lola, a mi Lolita.

Luego, barriendo el suelo, recordé la cara de Lola; recordé su boca, su sonrisa y sus ojos mirando al chico guapo durante el desayuno. Volví a tener miedo. Tuve miedo otra vez. Miedo de perderla, de perder a Lola, a mi Lola, a mi Lolita.

Cuando terminé de limpiar la cocina, **puse la lavadora**. Lavé la ropa sucia de Lola y la mía. **Luego planché un par de camisas**, unos pantalones, unos calcetines y la falda de Lola. **Lola solo tiene una falda y no se la pone muy a menudo.** No le gusta mucho llevar falda porque dice que no tiene unas piernas bonitas. Le he dicho muchas veces que sus piernas son muy bonitas, pero no me cree. Le he dicho muchas veces: "Me gusta verte con falda. ¿Por qué no te pones una falda para salir conmigo?". Pero ella suele responderme que soy un machista, que ella se pone lo que quiere y que **yo no soy nadie para decirle cómo tiene que vestirse**.

Supongo que tiene razón. Lola siempre tiene razón. Cuando terminé de planchar me senté en el sofá del salón.

Entonces recordé algo. Cenamos. Lola dijo "cenamos", en plural. No dijo "cené", dijo "cenamos". **¿Con quién cenó Lola la noche anterior?** No lo sé. No me lo dijo o quizá no lo recuerdo. No sé, pero creo que simplemente no contestó a mi pregunta. Sin embargo, recuerdo muy bien que usó el plural. No dijo "cené". Dijo "cenamos". Estoy seguro, bueno, estoy casi seguro. Yo no estoy seguro de nada. Dice mi hermana que soy muy neurótico, muy inseguro, que tengo que ir al psiquiatra, a su psiquiatra. Quizás tiene razón. Quizás, tal vez, puede ser, no sé. Quizás simplemente soy gilipollas, como dice Serena, la novia de mi hermano. Quizás, tal vez, puede ser, no sé.

Yo no quise insistir. No quise volver a preguntarle: "¿Con quién cenaste, Lola?". Me imagino su respuesta:

¿Qué? ¿Cómo? ¿Estás celoso? ¿Tienes celos? Tienes celos, ¿verdad? No te fías de mí. Quieres controlarme, ¿verdad? Quieres saber con quién salgo, con quien voy, con quién ceno… ¡Eres un machista! ¡A mí no me gustan los hombres machistas!

Sí, me imagino su respuesta. ¿Tiene razón Lola? ¿Soy machista? ¿Soy celoso? Sí, quizás tiene razón. Tal vez tiene razón. Puede ser. No sé. Quizás soy demasiado inseguro, tal vez soy demasiado celoso. No sé. Solo sé que tengo miedo, que tengo miedo de perderla. Yo la quiero. Yo estoy enamorado de ella. **La quiero y no quiero perderla.**

Sentado en el sofá del salón, solo, pensé: "Si no quiero perderla, tengo que cambiar. Tengo que ser menos machista, tengo que hacer las tareas de la casa".

Luego pensé: "También tengo que ser más guapo. Si no quiero perder a Lola, tengo que perder peso, tengo que adelgazar. Tengo que ir al gimnasio cada día, de lunes a viernes, como el chico guapo. Tengo que tener un cuerpo como el cuerpo del chico guapo. Tengo que ser tan guapo como el chico guapo".

Más tarde me dije: "**Ser guapo no es suficiente**. Hay mucha gente guapa que está sola y triste. No importa las fotos que ponen en Instagram o en Facebook. La realidad es que hay mucha gente guapa que no es feliz. Hoy en día no es suficiente ser guapo. **Además de guapo hay que ser fascinante**".

Entonces comprendí que si no quiero perder a Lola tengo que ser guapo y fascinante. Tengo que ser tan guapo como el chico guapo y tan fascinante como Edoardo o como Humphrey Bogart.

El problema es que no sé cómo ser fascinante. Sentado en el sofá del salón, solo, pensé: "¿Cómo puedo ser más fascinante? ¿Qué significa ser fascinante? ¿Qué hay que hacer para ser un hombre fascinante? ¿Se puede aprender a ser fascinante? La verdad es que no me importa ser feo, si puedo ser fascinante. ¿Por qué Edoardo es fascinante, pero yo no?". Me hice muchas preguntas, pero no supe qué responderme.

Entonces, recordé algo: ¡el concurso de tortilla de patatas de la escuela!

Y de repente tuve una idea, una idea genial. Me dije: "Si hago una tortilla de patatas buenísima, si hago una tortilla riquísima, si hago una tortilla **para chuparse los dedos**, si hago la mejor tortilla de la escuela… si gano el concurso, si gano el concurso de tortillas de patatas con una tortilla buenísima, riquísima, entonces quizás Lola pensará que soy fascinante. Y la gente de la clase quizás también pensará que soy tan fascinante como Edoardo".

Me pareció una idea genial. Claro, ¿por qué no? El problema es que yo nunca he cocinado nada. No me gusta cocinar. Prefiero comer galletas de chocolate o ir al McDonald´s y comer hamburguesas.

Entonces pensé: "Puedo pedir ayuda a Lola. Ella sabe muy bien cómo hacer tortillas de patatas. Le enseñó su madre". Sin embargo, **enseguida descarté esa idea**: "Lola está enfadada conmigo y probablemente ahora no quiere enseñarme. Además, cuando vuelve del trabajo por la noche siempre está cansada y solo quiere dormir".

De repente tuve otra idea genial: ¡YouTube! Claro, ¿por qué no? En YouTube se puede aprender todo. En YouTube hay vídeos para aprender a hacer cualquier cosa. Pensé: "Estoy seguro de que puedo aprender a hacer una tortilla fantástica viendo vídeos en YouTube".

Me levanté del sofá, fui a mi habitación, **cogí el portátil** y volví a sentarme en el sofá del salón **con el portátil encima de las rodillas**. Perfecto. Abrí YouTube y escribí en español: "Cómo hacer tortilla de patatas". Encontré muchos vídeos, algunos más largos, otros más cortos, algunos más profesionales, **otros más caseros.**

Vi cuatro o cinco vídeos, todos en español. El problema es que no entendí casi nada. Mi español todavía no es muy bueno y no entendí casi nada. ¡Los españoles hablan muy rápido, especialmente en YouTube!

Entonces, tuve otra genial idea: buscar vídeos en inglés. Claro, ¿por qué no? Entonces escribí en Youtube: "How to cook Spanish tortilla?". Vi cuatro o cinco vídeos. Todos en inglés. El vídeo que más me gustó fue el de una señora de Carolina del Norte, en los EEUU. Después de ver el vídeo, pensé: "¡No es tan difícil! ¡Hacer una tortilla de patatas no es tan difícil como piensa la gente! Es superfácil. Basta comprar los ingredientes adecuados y seguir las instrucciones paso a paso".

Y eso es lo que hice. Cogí un bolígrafo y escribí en un papel los ingredientes de la tortilla de patatas, según el vídeo de de la señora norteamericana:

Patatas
Aceite de cacahuete
Pimientos
Zanahorias
Frijoles
Queso cheddar
Queso crema philadelphia
Chorizo
Pollo
Atún
Aceitunas
Leche
Cebolla y ajo
Kétchup

Miré en la nevera. Solo vi yogur y un poco de leche: "Tengo que ir al supermercado", pensé.

Me guardé la lista de ingredientes en el bolsillo de atrás de los pantalones, fui a mi dormitorio, cogí dinero, **cogí la mochila**, abrí la puerta del piso, salí y **llamé al ascensor. Solo tuve que esperar un par de minutos**. El ascensor llegó, pero yo no tuve que abrir la puerta. **Alguien la abrió desde dentro.**

—¡Guillermito! —exclamó el chico guapo, saliendo del ascensor.
—Hola, Borja. ¡Hola y adiós! —le dije yo, entrando en el ascensor.
—¿Vas a salir? ¿Dónde vas? ¿Has encontrado ya trabajo? **¿Has encontrado ya un trabajo de verdad?** —me preguntó el chico guapo, alzando la voz y abriendo mucho los ojos.
—No, no, todavía no. Ahora voy *a el supermercado*. Tengo que hacer la compra. —le contesté yo, en voz baja.
—AL, Guillermito, AL. Se dice voy AL supermercado —me corrigió el chico guapo, sonriéndome.
—Sí, gracias, lo siento, sí, tienes razón –le dije yo, poniéndome rojo como un tomate y apretando deprisa el botón B del ascensor, el que lleva hasta la Planta Baja del edificio—. Es verdad, se dice AL, voy AL supermercado. ¡Hasta luego, Borja!

Cuando me quedé solo en el ascensor, pensé: "¡Qué horror! Hablo muy mal español. Cometo muchos errores. Sobre todo cuando estoy nervioso. Normalmente hablo español muy mal, pero **cuando estoy nervioso hablo aún peor**".

Además, recordé que el chico guapo aprendió español en treinta días y que, a pesar de ser extranjero como yo, su español es perfecto. Por cierto, ahora recuerdo que todavía no me ha dicho de dónde es. Tengo que volver a preguntárselo.

Llegué triste a la Planta Baja. Salí a la calle y empecé a caminar triste y preocupado hacia el supermercado: "¿Qué voy a hacer? Si no hablo bien español no puedo encontrar un trabajo "de verdad", como dice el chico guapo y como dice también Lola".

Lola y el chico guapo dicen que **dar clase de inglés no es un trabajo "de verdad"**. ¿Tienen razón? Probablemente tienen razón. Lola siempre tiene razón. Sin embargo, por el momento no puedo hacer otro trabajo porque hablo español muy mal. De hecho, creo que hablo español cada vez peor.

Triste y preocupado llegué al supermercado. Cogí una cesta, saqué la lista de la compra del bolsillo de atrás de los pantalones y empecé a caminar por los pasillos del super, **cogiendo de las estanterías todos los ingredientes** necesarios para hacer la tortilla de patatas: las patatas, el aceite de cacahuete, las zanahorias, los frijoles, el chorizo, los pimientos, el queso, el atún, el pollo, el kétchup…

Luego **me puse en la cola para pagar**. Marisa, la chica polaca que trabaja de cajera en el supermercado, se sorprendió mucho al verme comprar tantas cosas.

—¡**Guau**! Hoy estás comprando muchas cosas, ¿no? Seguro que vas a cocinar algo riquísimo. ¡Qué suerte tiene tu novia! A mí me encantan los hombres que saben cocinar. Hace mucho tiempo que nadie cocina para mí. ¿Qué vas a cocinar? ¿Algo especial? **Seguro que vas a hacer algo riquísimo**, para chuparse los dedos. ¡Qué suerte tiene tu novia! ¡Me encantan los hombres que saben cocinar!

Pagué la compra, metí todo en la mochila y salí del supermercado. Caminando por la calle, pensé: "¡Tengo que ganar el concurso de tortillas de la escuela de español! Con todos estos ingredientes voy a hacer una tortilla buenísima, una tortilla riquísima, una tortilla para chuparse los dedos. Voy a hacer la mejor tortilla del mundo. ¡Esta tortilla va a ser la bomba!".

Y no me equivoqué. **Aquella tortilla fue la bomba**.

Vocabulario 11

Ser tan guapo tiene un precio, supongo. Being so handsome has a price, I suppose.

Yo quité la mesa, lavé los platos, barrí el suelo y puse la cocina en orden. I cleared away everything on the table, washed the dishes, swept the floor and put the kitchen in order.

puse la lavadora. I did the washing.

Luego planché un par de camisas. Then, I ironed a couple of shirts.

Lola solo tiene una falda y no se la pone muy a menudo. Lola only has one skirt and she doesn´t wear it very often.

yo no soy nadie para decirle cómo tiene que vestirse. I'm nobody to tell her how she has to dress.

¿Con quién cenó Lola la noche anterior? With whom did Lola dine the night before?

Yo no quise insistir. I did not want to insist.

La quiero y no quiero perderla. I love her and I do not want to lose her.

Ser guapo no es suficiente. Being handsome is not enough.

Además de guapo hay que ser fascinante. In addition to being handsome, you have to be fascinating.

para chuparse los dedos. Delicious (Literally: to lick your fingers).

enseguida descarté esa idea. I immediately discarded that idea.

cogí el portátil. I grabbed the laptop.

con el portátil encima de las rodillas. With the laptop on my knees.

otros más caseros. Others more home-made.

Aceite de cacahuete. Peanut oil.

Miré en la nevera. I looked in the fridge.

cogí la mochila. I took the backpack.

llamé al ascensor. I called the elevator.

Solo tuve que esperar un par de minutos. I only had to wait a couple of minutes.

Alguien la abrió desde dentro. Someone opened it from the inside.

¿Has encontrado ya un trabajo de verdad? Have you already found a real job?

Cuando me quedé solo en el ascensor. When I was alone in the elevator.

¡Qué horror! How awful!

cuando estoy nervioso hablo aún peor. When I'm nervous I talk even worse.

dar clase de inglés no es un trabajo "de verdad". Teaching English is not a "real" job.

cogiendo de las estanterías todos los ingredientes. Grabbing all the ingredients from the shelves.

me puse en la cola para pagar. I got (put myself) in the queue to pay.

¡Guau! Wow!

Seguro que vas a hacer algo riquísimo. You are going to make something delicious, surely.

Aquella tortilla fue la bomba. That potato omelette was the bomb.

12. ¡No tocar esta tortilla!

El jueves por la tarde hice la tortilla de patatas. Abrí mi portátil, lo puse sobre la mesa de la cocina y empecé a ver el vídeo de aquella señora estadounidense que tiene un canal en YouTube con recetas de platos españoles y mexicanos.

Seguí sus instrucciones paso a paso:

Primero, **pelé las patatas** y las zanahorias y **las puse a freír en una sartén** con aceite de cacahuete, cebolla y ajo.

Luego, puse ocho huevos en **una sopera** grande, **los batí** y después **añadí los pimientos**, los frijoles, el chorizo, el pollo, el atún, el queso cheddar, el queso crema philadelphia, las aceitunas y el kétchup.

Más tarde, cuando las patatas terminaron de freírse, **mezclé todo en un gran recipiente rectangular**. Añadí también sal, un poco de pimienta y un poco más de kétchup. Me encanta el kétchup.

Más tarde **encendí el horno**, lo puse a la temperatura máxima y metí dentro el recipiente con todos los ingredientes.

Todo fue fácil de hacer. No tuve problemas. **Tardé media hora en prepararlo todo**. "Ahora solo hay que esperar un poco", me dije. Fui al salón y me senté en el sofá con el portátil sobre mis rodillas. "La verdad es que YouTube está muy bien", pensé.

Y es verdad. En YouTube se puede aprender a hacer todo, no solo a cocinar. Hay vídeos para aprender idiomas, para aprender a pintar, para aprender a cantar, para aprender a tocar el piano, para aprender a hacer yoga, para aprender a maquillarse, para aprender a vestirse bien, para dejar de ser tímido, para dejar de fumar, para ser feliz en la vida, para ser una persona segura de sí misma...

Entonces tuve una genial idea. Otra genial idea: "Quizás hay vídeos para aprender a ser fascinante. Tal vez puedo aprender a ser fascinante en YouTube", me dije.

Escribí: "¿Cómo ser fascinante?". Encontré muchos vídeos, en español y en inglés. Me gustó mucho el vídeo de una psicóloga española, una chica joven y guapa con gafas de plástico. **Su vídeo me pareció el mejor**, el más interesante. Cogí un bolígrafo y empecé a tomar notas en un papel:

"¿Quieres ser fascinante?"
"Tú tienes dentro de ti la capacidad de fascinar a otras personas".
"No tienes que cambiar nada. No tienes que buscar fuera de ti. Todo lo que necesitas para ser fascinante ya lo tienes, lo tienes dentro de ti".
"Busca dentro de ti"
"Tienes que ser tú mismo".
"Encuentra tu pasión y sigue tus sueños".
"Si quieres, puedes".
"**Querer es poder**"

Todo me pareció muy interesante, casi fascinante.

De repente escuché un ruido. Alcé la cabeza y miré hacia la derecha, pero no vi nada. Luego giré la cabeza hacia la izquierda, pero tampoco vi nada. Entonces escuché la voz del chico guapo detrás de mí. No lo vi, pero reconocí su voz familiar.

—**¿Qué es ese olor?** ¿Estás cocinando algo, Guillermito? —me preguntó.

—¡La tortilla! ¡La tortilla! **¡Se quema la tortilla!** —grité yo desesperado.

Me levanté rápidamente del sofá y fui corriendo hacia la cocina. Abrí la puerta del horno.

¡AY!

—¿Te has quemado? —me preguntó el chico guapo, detrás de mí.

—**¡Peor! ¡Mucho peor!** Yo no me he quemado. La tortilla. Se ha quemado la tortilla —dije yo, sacando el recipiente del horno.

Saqué la tortilla del horno y la puse sobre la mesa. La miré y pensé: "¡Está negra! ¡Se ha quemado, se ha quemado todo! ¡Qué horror! ¿Qué voy a hacer ahora? ¡Nunca voy a ser un hombre fascinante!"

Me giré, miré hacia atrás y vi al chico guapo sonriendo.

—Lo importante es que tú estás bien, Guillermito. La tortilla no es un gran problema. Puedes volver a hacerla. Si quieres yo te puedo ayudar. Esta tarde no voy a salir. Voy a estar en casa toda la tarde. Si quieres, podemos hacer la tortilla juntos.
—No gracias, la quiero hacer yo solo. Es mi tortilla y la quiero hacer yo solo.
—Muy bien, Guillermito, muy bien. Si prefieres hacerla tú solo, está bien, no hay problema. ¿Estás enfadado? ¿Estás nervioso? Es normal, pero, no sé… ¿Te puedo dar un consejo? Mira, Guillermito, tú no estás muy delgado, la verdad. De hecho, estás bastante gordo. Tienes que perder peso. No sé si es una buena idea hacer una tortilla de patatas tan grande. Es enorme. ¿Te vas a comer esa tortilla tan grande tú solo? Creo que necesitas adelgazar un poco y que…
—¡No me voy a comer esta tortilla tan grande yo solo! ¡Es para un concurso! ¡Es para un concurso de la escuela donde estudio español! —le dije yo, en voz alta, casi gritando.

¿Un concurso? ¿Un concurso de tortillas de patatas? ¡Qué divertido! No sé si te he dicho que yo soy un experto en tortillas de patatas. **¿Te he dicho que una vez gané un concurso de tortillas?** Fue increíble.

—¡No gracias, la quiero hacer yo solo! ¡Es mi tortilla y la quiero hacer yo solo! ¡Ya te lo he dicho antes! —le dije yo en voz alta, gritando.

—Vale, vale, **tampoco hay que enfadarse,** chico. Solo te he ofrecido mi ayuda. **Perdona si te he ofendido** —me dijo el chico guapo.

—No, no, no me has ofendido, Borja. Perdona si te he gritado, pero estoy muy nervioso. Este concurso es muy importante para mí. Quiero ganar. Necesito ganar. Y quiero hacer la tortilla yo solo, sin la ayuda de nadie.

—Vale, vale, entiendo, entiendo. ¿La quieres hacer tú solo? De acuerdo, de acuerdo, Guillermito. No hay ningún problema. Te deseo mucha suerte —me dijo el chico guapo saliendo de la cocina, en dirección hacia su dormitorio.

Entonces empecé a hacer otra tortilla de patatas. La segunda tortilla de patatas de la tarde. Esta vez la hice más rápido y no tuve que volver a ver el vídeo de la señora de EEUU otra vez. "Es fácil. Me acuerdo de todo", me dije.

Recuerdo que pensé: "¿Por qué la llaman *tortilla de patatas*? No lo entiendo. Tiene tantos ingredientes diferentes: zanahorias, frijoles, pimientos, chorizo, pollo, queso, aceitunas… No sé por qué la llaman *tortilla de patatas*".

Cuando terminé de prepararlo todo, volví a meter el recipiente con todos los ingredientes en el horno, como antes. Sin embargo, esta vez no me fui de la cocina. Me quedé allí y esperé. Esperé veinticinco minutos.

A los veinticinco minutos exactamente saqué la tortilla del horno. La puse sobre la mesa y la miré muy contento y muy orgulloso: "¡Es enorme! **¡Con esta tortilla pueden comer al menos treinta personas! ¡Y lo mejor es que la he hecho yo solo!** ¡No he necesitado la ayuda de nadie!", pensé.

Más tarde, ya un poco más tranquilo, puse la tortilla dentro del frigorífico. La cubrí con una servilleta grande y encima puse una nota escrita a mano:

¡NO TOCAR ESTA TORTILLA!

Vocabulario 12

Seguí sus instrucciones paso a paso. I followed her instructions step by step.

pelé las patatas. I peeled the potatoes.

las puse a freír en una sartén. I put them into a pan to fry.

una sopera. A tureen.

los batí. I beat them (the eggs).

añadí los pimientos. I added the peppers.

mezclé todo en un gran recipiente rectangular. I mixed everything in a large rectangular container.

encendí el horno. I turned on the oven.

Tardé media hora en prepararlo todo. It took me half an hour to prepare everything.

Su vídeo me pareció el mejor. Her video seemed the best.

Querer es poder. If you want, you can (Literally: wanting is being able to).

¿Qué es ese olor? What is that smell?

¡Se quema la tortilla! The tortilla is burning!

Peor! ¡Mucho peor! Worse! Much worse!

¿Te he dicho que una vez yo gané un concurso de tortillas? Have I told you that I won an omelette contest once?

tampoco hay que enfadarse. There´s no need to be angry.

Perdona si te he ofendido. Sorry if I have offended you.

¡Con esta tortilla pueden comer al menos treinta personas!
This omelette can feed at least thirty people!

Y lo mejor es que la he hecho yo solo. And the best thing is that I made it myself.

13. ¡No hay papel!

—¡**Una bomba, es una bomba!** —gritó un chico alto, moreno, con acento francés.

—¡**Estoy enferma, estoy enferma!** —dijo una chica rubia, con acento alemán.

—¡Me siento muy mal, me siento fatal! —gritó **una señora mayor**, con acento inglés.

—¡Me duele la cabeza! —exclamó una chica joven, con acento ruso.

—¡Me duele el estómago! —dijo un chico joven, con acento portugués.

—¿Dónde está el baño? ¿Dónde está el baño? —preguntó un hombre bajo con bigote, hablando con acento italiano.

—¡No hay papel! ¡**No hay papel higiénico! ¡Hay que buscar papel higiénico!** ¡Rápido! —gritó desesperado un profesor de español calvo, con un excelente acento castellano.

Todavía en su despacho, el director de la escuela **se sobresaltó al escuchar los gritos** desesperados de los estudiantes, el ruido de gente corriendo por los pasillos, **el estrépito de sillas y mesas cayendo**, platos y vasos rompiéndose... Se dijo: "¡Qué ruido! ¿Qué es todo este ruido? ¿Quién está haciendo tanto ruido! ¡Así no se puede trabajar! No sé si es una buena idea organizar este concurso de tortillas en el bar. ¡Qué ruido! Estos estudiantes son demasiado ruidosos."

El director se levantó de su silla y abrió la puerta de su despacho. **El ruido venía del bar.** En ese momento **pasó corriendo por el pasillo una chica rubia**, gritando con acento polaco: "¡Papel, papel, no hay papel, no hay papel higiénico!". Luego pasó un chico moreno, también corriendo y gritando con acento marroquí: "¡He mirado en los baños de la segunda planta! **¡Allí tampoco hay papel!**"

El director salió de su despacho y fue hacia el bar. No le gustó lo que vio. Desde la puerta, antes de entrar, miró la escena con los ojos muy abiertos, con los ojos como platos. Desde allí, desde la puerta, pudo ver a muchos estudiantes gritando y corriendo hacia el baño. **Un estudiante cayó al suelo, otro empezó a vomitar en un rincón**; mesas y sillas por el suelo, platos y vasos rotos, **trozos de tortilla por las paredes**… ¡Caos total!

"¿**Qué pasa? ¿Qué pasa aquí?**", preguntó el director. Nadie lo escuchó. Nadie le contestó. Demasiado ruido, demasiado caos.

"¿Qué ha pasado?, ¿qué ha pasado aquí?" volvió a gritar el director, **alzando la voz**.

Desde la barra del bar, Julián, el camarero, le gritó: "¡Esa tortilla, señor director, esa tortilla! ¡Es una bomba! ¡Es una bomba! ¡Estamos todos enfermos! ¡Es horrible!".

El director miró hacia la mesa con las tortillas y leyó el cartel en la pared:

HOY GRAN CONCURSO DE TORTILLAS

—¿Cuál? ¿Qué tortilla? Aquí hay muchas tortillas de patatas, todas son iguales. —dijo el director de la escuela.

—¡La tortilla que está en el centro! ¡La tortilla más grande que hay en la mesa! ¡La tortilla que está al lado de las botellas de vino! ¡La tortilla de color rojo! ¡Es un monstruo! ¡Es una bomba! —dijo Julián, el camarero.

—¿Cuál? ¿Esta? —preguntó el director.

—¡Sí! ¡Esa! ¡Esa es! Pero no la toque, no la toque señor director. Es un monstruo, es horrible, estamos todos enfermos… ¡Hay que destruirla! ¡Hay que destruirla! **¡Hay que destruir esa tortilla!** —gritó desesperado el camarero.

El director miró hacia la tortilla, hacia mi tortilla. Yo también la miré.

—¿Quién ha hecho esta tortilla? **¿Quién ha sido?** —gritó el director.

No tuve tiempo de contestar, no tuve tiempo de decir nada. **El camarero alzó un dedo hacia mí** y dijo: "¡Ese! ¡Ese guiri! ¡Ese guiri! No sé cómo se llama, pero fue él, **fue él quien trajo esa tortilla** esta mañana. **¡Yo lo vi! ¡Fue él! ¡Fue él!** ".

—**¡Sí, fue ese chico, ese chico gordo!** Yo tampoco sé cómo se llama, pero esa es su tortilla. ¡La trajo él! ¡Yo lo vi! —dijo una chica morena, con acento sueco, alzando también un dedo hacia mí.
—Si, yo también lo recuerdo. Ese chico gordo trajo la tortilla esta mañana y la puso en la mesa. Yo lo vi —dijo una señora mayor, con acento holandés, alzando también un dedo hacia mí.

Poco a poco, uno después de otro, muchos estudiantes se giraron hacia mí, mirándome y **señalándome con el dedo**.

—¡Ese! ¡Ese fue!
—Sí, **ese gordo hizo la tortilla**.
—Yo lo ví, yo lo vi. ¡El gordo la trajo! ¡El gordo la trajo! ¡Esa tortilla es su tortilla! ¡La hizo él!

—¡Sí, fue ese! ¡Fue ese!

El director se giró hacia mí. Solo entonces me vio.

—¿Cómo te llamas, chico? ¿Estudias con nosotros, estudias en esta escuela? ¿Quién es tu profesor? —me preguntó el director, mirándome con los ojos muy abiertos, con los ojos abiertos como platos. Sin embargo, no tuve tiempo de contestarle porque Julián, el camarero, volvió a interrumpirme.

—Yo lo conozco. **Suele venir al bar muy a menudo.** No sé cómo se llama, pero viene a menudo. **Nunca me ha gustado mucho, señor director. Siempre he pensado que es un poco raro.** Creo que está en la clase de Edoardo.

—¿Cómo te llamas? —volvió a preguntarme el director.

—¡Guillermito! ¡Se llama Guillermito! —dijo alguien detrás de mí, pero no vi quién fue.

—¡William! ¡Mi nombre es William! —pude decir yo, finalmente.

Detrás de mí escuché un sonido metálico, como el sonido que hacen las cámaras fotografícas al tomar una foto.

¡CLICK!

¡CLICK!
¡CLICK!

Giré la cabeza hacia la derecha y vi al chico guapo. Me sorprendió mucho verlo en el bar de la escuela de español. Me pregunté: "¿Qué hace aquí? ¿Qué hace aquí el chico guapo? ¿Por qué ha venido?". **Pero me sorprendí aún más** cuando vi a Edoardo a su lado. Me dije: "¿Edoardo y el chico guapo juntos? ¿Se conocen?"

—¡Vamos a mi despacho! ¡Tenemos que hablar! —me ordenó el director. Luego se giró hacia el camarero y le dijo: "¡Julián, por favor, necesitamos un médico, hay que llamar al hospital! ¿Puede usted llamarles por teléfono y decirles lo que ha pasado?"

—¡Ya he llamado, señor director, ya he llamado! ¡Todavía no ha venido el médico, pero ya he llamado al hospital! ¡También he llamado a la policía! —le contestó Julián, **gritando desde detrás de la barra del bar**.

El director salió del bar y yo salí detrás de él. Un par de minutos después el director entró en su despacho y yo entré detrás de él. Él se sentó detrás de la mesa y yo me senté enfrente de él.

De repente escuché la sirena de la ambulancia. Y tuve miedo. Tuve mucho miedo.

Vocabulario 13

¡Una bomba, es una bomba! A bomb, it's a bomb!

una señora mayor. An old lady.

¡No hay papel higiénico! There is no toilet paper!

¡Hay que buscar papel higiénico! We have to look for toilet paper.

Todavía en su despacho. Still in his office.

se sobresaltó al escuchar los gritos. He was startled to hear the screams.

el estrépito de sillas y mesas cayendo. The crash of chairs and tables falling.

El ruido venía del bar. The noise was coming from the bar.

pasó corriendo por el pasillo una chica rubia. A blonde girl ran down the hall.

Allí tampoco hay papel. There is no paper there either.

Un estudiante cayó al suelo, otro empezó a vomitar en un rincón. One student fell to the ground, another began to vomit in a corner.

trozos de tortilla por las paredes. Pieces of omelette on the walls.

¿Qué pasa? ¿Qué pasa aquí? What´s going on? What's happening here?

alzando la voz. Raising his voice.

¡Hay que destruir esa tortilla! We have to destroy that omelette!

¿Quién ha sido? Who was it?

El camarero alzó un dedo hacia mí. The waiter lifted a finger towards me.

fue él quien trajo esa tortilla. It was him who brought that omelette.

¡Yo lo vi! ¡Fue él! ¡Fue él! I saw him! It was him! It was him!

¡Sí, fue ese chico, ese chico gordo! Yes, it was that guy, that fat guy!

señalándome con el dedo. Pointing at me with their finger.

Ese gordo hizo la tortilla. That fat man made the omelette.

Suele venir al bar muy a menudo. He comes to the bar very often.

Nunca me ha gustado mucho, señor director. I never liked him very much, sir.

Siempre he pensado que es un poco raro. I've always thought he is a bit weird.

Pero me sorprendí aún más. But I was even more surprised.

gritando desde detrás de la barra del bar. Shouting from behind the bar counter.

De repente escuché la sirena de la ambulancia. Suddenly I heard the siren of the ambulance.

14. La noche más triste

Volví a casa muy triste. Cuando llegué, cogí una botella de cerveza del frigorífico y me senté en el sofá a esperar a Lola. Estuve allí sentado hasta las once y media de la noche. **Cuando se hizo oscuro, no encendí la luz.** Tampoco puse la televisión. **Estuve allí sentado hasta las once y media de la noche, en la oscuridad,** en silencio, bebiendo una cerveza después de otra.

A las once y media llegó Lola. Abrió la puerta del piso, entró en el salón, encendió la luz y entonces me vio allí sentado, en el sofá, esperándola, rodeado de botellas de cerveza vacías.

Lola se asustó al verme.

—¡Qué susto! ¡Qué susto me has dado, Guillermito! ¿Qué haces aquí? ¿Todavía no te has acostado? Normalmente cuando vuelvo a casa del trabajo ya duermes... ¿No tienes sueño? ¿No estás cansado?

Lola me hizo muchas preguntas, pero yo no las escuché. En ese momento solo escuché "Guillermito". Sí, Lola dijo "Guillermito". Lola me llamó "Guillermito".

—¿Me estás escuchando? Te he preguntado qué haces aquí, por qué no te has acostado todavía. ¿No estás cansado? —volvió a preguntarme Lola, sentándose a mi lado en el sofá.
—Sí, estoy cansado, pero no puedo dormir. Estoy preocupado. Hoy no ha sido un buen día. **Hoy ha sido terrible** —le contesté yo.
—**¡Lo sé!** Estás hablando del concurso de tortilla de patatas en la escuela de español, ¿no?

Me sorprendió mucho el comentario de Lola. La miré con los ojos muy abiertos, con los ojos abiertos como platos:

—¿**Ya lo sabes? ¿Cómo sabes lo que ha pasado? ¿Quién te lo ha dicho?** —le pregunté yo, **estupefacto**.
—Lo sabe todo el mundo, Guillermito. **Alguien grabó un vídeo y lo ha subido a YouTube** esta tarde.
—¿Qué? ¿Cómo? ¿Qué dices?

—Alguien hizo un vídeo y grabó todo lo que pasó en el bar de la escuela: estudiantes enfermos, estudiantes vomitando, estudiantes con dolor de cabeza, estudiantes con dolor de estómago, estudiantes con diarrea… **Se ha hecho viral**. Lo ha visto todo el mundo.

¿Un vídeo? ¿Un vídeo en YouTube? ¿Un vídeo que se ha hecho viral, que ha visto todo el mundo? Tuve miedo. Tuve mucho miedo. La miré con los ojos muy abiertos, con los ojos abiertos como platos.

—¿Alguien hizo un vídeo? ¿Alguien grabó un vídeo en el bar de la escuela? —le pregunté a Lola, **aterrorizado**.
—Sí, alguien hizo un video y luego lo puso en YouTube. No es una publicidad muy buena para la escuela. Supongo que el director y los profesores están muy preocupados. He leído los comentarios. Mucha gente ha escrito comentarios debajo del vídeo. Algunos estudiantes están muy enfadados y han dicho que quieren irse de la escuela. No quieren volver a estudiar allí. Dicen que este incidente ha demostrado que no es una buena escuela de idiomas —me dijo Lola.

Yo también pensé en el director de la escuela y en Laura, la profe de español. Me dije: "¡Qué horror! ¡Qué desastre! **¡Todo**

por mi culpa! ¡Todo por mi culpa!". Me sentí muy mal, me sentí muy triste, **pero sobre todo me sentí culpable**.

—**Lo peor fue el papel higiénico** —dijo Lola.
—¿El papel higiénico? —le pregunté yo.
—Sí, **hubo muchos casos de diarrea entre los estudiantes**. Se formó una cola muy larga delante de la puerta del baño. El problema fue que el papel higiénico se terminó enseguida y, bueno, **no quiero entrar en detalles**, pero en el vídeo he visto escenas terribles —me dijo Lola.
—**No tienes que decírmelo**. Lo sé. Yo estuve allí y vi todo lo que pasó. Fue terrible —le contesté yo.

Entonces recordé el sonido metálico (¡Click! ¡Click! ¡Click!) que escuché en el bar. "Probablemente el ruido de una cámara o de un teléfono móvil", pensé. Luego recordé que al girar la cabeza hacia la derecha vi al chico guapo con Edoardo. Poco a poco empecé a comprender.

—**¡Ya sé quién ha puesto el vídeo en YouTube!** —le dije a Lola, levantándome del sofá y poniéndome en pie de repente.
—¿Quién? **Según tú, ¿quién ha sido?** —me preguntó ella alzando la voz, un poco nerviosa.

—Está clarísimo. Ahora lo veo todo muy claro: ¡el chico guapo! ¡Sí, ha sido el chico guapo! ¡Ahora estoy seguro, ha sido él!

—¿Quién? **¿De quién hablas? ¿Qué chico guapo?** —me preguntó Lola, desconcertada.

—El chico guapo, ya sabes, nuestro compañero de piso…

—¿Quién? ¿Borja?

—¡Sí, ha sido él! ¡Ha sido él! ¡Estoy seguro! ¡Hizo el vídeo esta mañana y luego lo ha puesto en YouTube!

—**¡Qué tontería! ¡Eso es una tontería!** ¡Estás diciendo una tontería! —exclamó Lola.

—¡No, no es una tontería, Lola! Ahora lo he entendido todo. ¡El chico guapo! ¡Ha sido el chico guapo!

Entonces, Lola también se levantó del sofá, se acercó hacia mí y me miró muy seria.

—Borja, se llama Borja, ¿recuerdas? Su nombre es Borja y no es "un chico guapo". En primer lugar, no es un chico, es un hombre: tiene casi treinta años. Y en segundo lugar no es guapo: es fascinante.

Yo la miré con los ojos muy abiertos, con los ojos abiertos como platos y pensé: "¿Fascinante? Según Lola, ¿el chico guapo es fascinante?". Tuve miedo. Tuve mucho miedo.

Luego, más tranquila, **Lola se alejó de mí y volvió a sentarse en el sofá.**

—¿Cómo puedes pensar eso? **¿Cómo puedes pensar eso de Borja?** Él intentó ayudarte, **te ofreció su ayuda y tú la rechazaste.** ¿Sabes que Borja ganó un concurso de tortillas de patatas? Sí, sí lo sabes, Guillermito, lo sabes porque él te lo dijo, ¿verdad? Borja sabe hacer tortillas de patatas muy buenas. Yo lo sé, yo las he comido, yo sé que cocina muy bien. Y luego él te ofreció su ayuda y tú la rechazaste. Y ahora que todo ha sido un desastre, **ahora que todo ha salido mal, lo acusas de hacer un vídeo y ponerlo en YouTube.** ¡Eres horrible! ¡Te odio!

Cuando terminó de hablar, **Lola empezó a llorar.** Yo me senté a su lado e **intenté abrazarla,** pero ella se levantó **enseguida** del sofá y se fue a su dormitorio dejándome solo en el salón. **Cuando ella se fue, yo me quedé muy triste. Apagué la luz y volví a quedarme a oscuras.** Aquella fue la noche más triste de mi vida.

Vocabulario 14

Cuando se hizo oscuro, no encendí la luz. When it got dark, I did not turn on the light.

Estuve allí sentado hasta las once y media de la noche, en la oscuridad. I was sitting there until eleven thirty at night, in the dark.

Lola se asustó al verme. Lola was startled to see me.

¡Qué susto! ¡Qué susto me has dado! What a scare! What a fright you've given me!

Hoy ha sido terrible. Today has been terrible.

¡Lo sé! I know!

¿Ya lo sabes? ¿Cómo sabes lo que ha pasado? ¿Quién te lo ha dicho? You already know? How do you know what happened? Who told you?

estupefacto. Amazed, astonished.

Alguien grabó un vídeo y lo ha subido a YouTube. Someone recorded a video and uploaded it to YouTube.

Se ha hecho viral. It has gone viral.

Aterrorizado. Terrified.

¡Todo por mi culpa! It's all my fault!

pero sobre todo me sentí culpable. But above all I felt guilty.

Lo peor fue el papel higiénico. The worst thing was the toilet paper.

hubo muchos casos de diarrea entre los estudiantes. There were many cases of diarrhea among the students.

no quiero entrar en detalles. I don't want to go into details.

No tienes que decírmelo. You don't have to tell me.

¡Ya sé quién ha puesto el vídeo en YouTube! Now I know who put the video on YouTube!

Según tú, ¿quién ha sido? According to you, who was it?

¿De quién hablas? ¿Qué chico guapo? Who are you talking about? What handsome guy?

¡Qué tontería! ¡Eso es una tontería! What nonsense! That's silly!

Lola se alejó de mí y volvió a sentarse en el sofá. Lola moved away from me and returned to sit on the sofa.

¿Cómo puedes pensar eso de Borja? How can you think that about Borja?

te ofreció su ayuda y tú la rechazaste. He offered his help and you rejected it.

ahora que todo ha salido mal, lo acusas de hacer un vídeo y ponerlo en YouTube. Now that everything has gone wrong, you accuse him of making a video and putting it on YouTube.

Lola empezó a llorar. Lola started crying.

intenté abrazarla. I tried to hug her.

Enseguida. Right away.

Cuando ella se fue, yo me quedé muy triste. When she left, I was very sad.

Apagué la luz y volví a quedarme a oscuras. I turned off the light and the room got dark again.

15. ¡No soy yo!

A la mañana siguiente me desperté con un gran dolor de cabeza. Conté las botellas de cerveza vacías en el suelo del salón: siete.

Fui a la cocina y me hice un café solo muy fuerte. **Me lo bebí**. Luego hice otro café y me lo bebí también. Y luego otro más. Yo soy inglés y como buen inglés normalmente tomo té, pero recuerdo que aquella mañana tomé café, mucho café. Tomé café solo, sin leche y sin azúcar. Pensé: "**Lo mejor para la resaca es el café**".

Luego **puse las botellas de cerveza vacías en la basura, barrí el suelo** y puse en orden la habitación. Cuando terminé de limpiar, fui al cuarto de baño y me duché. Pensé: "Lo mejor para la resaca es una buena ducha".

La ducha me hizo bien. Normalmente la ducha me relaja y puedo pensar con claridad. En la ducha he tenido algunas de las mejores ideas de mi vida.

Y eso fue lo que pasó aquella mañana. Me relajé, **se me pasó el dolor de cabeza** y recordé algo: "¡Las Flores! ¡Olvidé comprar las flores para Lola! ¡Cuando fui al supermercado a comprar los ingredientes para la tortilla, olvidé comprar las flores para Lola! Voy a salir ahora mismo y le voy a comprar un ramo de flores precioso. ¡**Le voy a comprar el mejor ramo de flores** del supermercado!"

Después de ducharme me afeité, me lavé los dientes y me vestí con ropa limpia. Antes de salir de casa, me miré al espejo y pensé: "Quizás el chico guapo tiene razón. Estoy demasiado gordo. Tengo que ir al gimnasio y comer menos".

Llegué al supermercado, cogí el mejor ramo de flores que vi, el más caro, y me puse en la cola para pagar. La chica de la caja, Marisa, me sonrió.

—¡Qué bonitas! ¡Qué flores tan bonitas! ¿Son para tu novia?
—Sí, son para mi novia —le dije yo, buscando el dinero para pagar en el bolsillo del pantalón.
—¿Es su cumpleaños?

—No, no es su cumpleaños, pero quiero regalarle flores —le contesté.

—¡Qué romántico!

—Sí, bueno, no sé. No suelo comprar flores, pero **quiero pedirle perdón**. Está enfadada conmigo —le dije yo tímidamente, en voz baja.

—¡Qué romántico eres! ¿Le vas a regalar flores para pedirle perdón! ¡Qué romántico! ¡Como en las películas!

—No sé, a veces soy romántico, a veces no —le dije yo.

—¡Qué suerte! ¡Qué suerte tiene tu novia! A mí hace mucho tiempo que nadie me regala flores. No puedo recordar cuándo fue la última vez que alguien me regaló un ramo de flores **tan bonito como este** —dijo Marisa, con la voz un poco triste.

El hombre detrás de mí en la cola tosió: "¡Ejem! ¡Ejem!". Yo giré la cabeza hacia atrás y vi una cola muy larga de clientes, todos muy serios. Ninguno de ellos dijo nada, pero yo leí sus pensamientos: "¡Vamos, vamos! **¡Basta de charla! ¡Tenemos prisa!** ¡Queremos pagar! ¡Tenemos que hacer muchas cosas importantes!".

La verdad es que Marisa es muy simpática y a mí me encanta hablar con ella, pero creo que **la caja del supermercado no es el mejor lugar para charlar.** La gente tiene prisa y quiere pagar rápido. Nadie tiene tiempo para charlar con la cajera.

—¿Cuánto es? —le pregunté a Marisa.

—Vamos a ver, un momento, espera… ¿Quieres una bolsa? **Tenemos bolsas especiales para los ramos de flores.** ¿Quieres una?

—No, no gracias, está bien así. No es necesario. ¿Cuánto es? —volví a preguntarle yo.

—Vamos a ver, espera, espera un momento. Mira, **hay una oferta.** Si compras otro ramo de flores, te regalamos una botella de agua mineral y una bolsa de patatas fritas con sabor a queso. ¿Quieres la oferta?

—No, gracias, solo quiero comprar un ramo de flores. No quiero dos ramos de flores, solo tengo una novia. —le contesté yo.

—¡Jajaja! ¡Qué divertido eres! —me dijo Marisa, riendo. No solo eres romántico, también eres divertido. **¡Qué suerte tiene tu novia!**

"Yo no quiero ser divertido. Yo quiero ser fascinante", pensé, pero no le dije nada.

Finalmente pude pagar las flores y salir del supermercado. Cuando llegué a casa, las puse encima de la mesa, dentro de **un jarrón** con agua. Luego escribí una nota para Lola y la puse al lado de las flores:

Para Lola, mi Lola, mi Lolita

Un rato después, aquel mismo día, recibí una llamada del director de la escuela de español.

—William, por favor, ¿Puedes venir a mi despacho? Quiero hablar contigo. De hecho, la policía está aquí en este momento y también quiere hablar contigo.
—¿La policía quiere hablar conmigo? ¿Por qué? **¡Yo no he hecho nada!** ¡Yo solo hice una tortilla de patatas! Yo no he hecho nada malo —le contesté.
—Tenemos que hablar contigo de algo importante. No podemos hablar por teléfono. Tienes que venir, William, tienes que venir ahora. Te estamos esperando —me dijo el director con voz muy seria.

Tuve miedo, tuve mucho miedo. **Me quité los pantalones vaqueros** y me puse unos pantalones marrones más formales. También me quité la cazadora negra que suelo llevar todos los días y me puse una chaqueta gris muy aburrida y una corbata azul con puntos negros, también muy aburrida. **No suelo llevar corbata**. De hecho, solo tengo dos corbatas, una azul y una negra. La corbata azul solo me la pongo cuando voy a entrevistas de trabajo. **La corbata negra solo me la pongo en**

funerales. La última vez que me la puse fue cuando se murió mi abuelo, hace dos años.

También me quité las zapatillas de deporte que suelo llevar todos los días y me puse un par de zapatos negros y un par de calcetines limpios. Antes de salir de casa me miré al espejo. "¡Perfecto para una entrevista con la policía! **¡Parezco un inocente vendedor de seguros!**", me dije.

Llegué a la escuela y saludé a Mariano, el recepcionista.

—Hola, Mariano, ¿qué tal?

Por primera vez desde que empecé a estudiar español, **Mariano dejó de leer el periódico y me miró.** Me miró de arriba abajo, **desde la cabeza hasta los pies**. Abrió mucho los ojos. Se sorprendió al verme con chaqueta y corbata. También se sorprendió al verme con zapatos negros. Normalmente llevo zapatillas de deporte y ropa muy informal.

—El director te está esperando en su despacho. Hay un policía con él. Quieren hablar contigo —me dijo el recepcionista.
—Gracias, Mariano. Voy a hablar con ellos. Tengo que...
—¡Un momento! ¡Espera! –me gritó. Luego se puso en pie, salió de la recepción y vino hacia mí.

—**Yo te acompaño. ¡Vamos!**

—No te preocupes, Mariano, **yo sé dónde está**. Ya he estado allí antes —le dije yo.

—Es una orden del director. ¡Tengo que ir contigo! No puedes estar tú solo en la escuela.

Tuve miedo. Tuve mucho miedo. Pensé: "¿No puedo estar solo en la escuela? ¿Por qué? ¿Qué he hecho? ¡Yo no he hecho nada malo! ¡Yo solo hice una tortilla de patatas!".

Mariano y yo llegamos al despacho del director. El receptionista llamó a la puerta. Enseguida escuchamos la voz del director **al otro lado**.

—¡Adelante!

Mariano abrió la puerta despacio y **anunció mi llegada solemnemente**.

—Aquí está, señor director. He hecho como usted me dijo.
—Gracias, Mariano, muchas gracias. **Ya puedes volver a tu trabajo** –le contestó el director, sentado detrás de su mesa.
—De nada, señor director –le contestó Mariano, antes de irse. Lo vi alejarse por el pasillo, caminando despacio, muy

derecho, de vuelta hacia la recepción, **orgulloso de haber cumplido su misión.**

—¡William, pasa por favor! –me gritó el director.

Entré en el despacho muy nervioso, **sudando.**

—¡Buenos días! —dije yo en voz baja, tímidamente.
—¿Buenos días? ¡Buenas tardes! —dijo el director en voz alta, mirando su reloj. ¡Es ya la una y media del mediodía!

Alguien se rió.

¡JAJAJA!

Miré hacia la derecha, hacia el rincón de la derecha, y vi a un tipo con bigote de unos cuarenta años sentado en un sillón, con una taza de café en la mano.

—Este es el inspector Gálvez. Quiere hacerte algunas preguntas –me dijo el director de la escuela.

El policía me miró de arriba abajo, muy serio, pero no me dijo nada. Yo tuve miedo, yo tuve mucho miedo. **Viéndome tan nervioso, el director intentó tranquilizarme.**

—¿Estás nervioso? ¿Estás preocupado? ¿Tienes miedo? No te preocupes, William, solo queremos saber algo, necesitamos tu ayuda para…

De repente, el policía se levantó del sillón y dejó la taza de café sobre la mesa. Luego, sin decir nada, **se sacó una foto del bolsillo de la chaqueta y me la enseñó.**

—¿Sabes quién es? ¿Sabes quién es esta persona, chico? ¿Cómo se llama? —me preguntó el inspector Gálvez.

Yo miré la foto. Reconocí el bar, el bar de la escuela de español. **En el centro del bar vi una figura oscura, gris, llevando una gran bolsa negra de plástico.**

—¿Quién es? ¿Sabes quién es este tipo? —volvió a preguntarme el inspector Gálvez.

—No, no sé —dije yo, cogiendo la foto con la mano para verla más cerca—. Está muy oscuro. Además, **el tipo lleva una capucha que le cubre parte de la cabeza.** ¡Es imposible saber quién es!

—Mírala bien. ¿Estás seguro de que no has visto nunca a esta persona? —me preguntó el director.

—No, no sé. Es difícil decir quién es. Es una foto muy oscura…

El policía y el director de la escuela me miraron. Me miraron en silencio durante unos segundos, sin decir nada. Yo tuve miedo. Tuve mucho miedo.

—¡No soy yo! ¡Yo no soy ese tipo de la fotografía! ¡No soy yo! ¡Yo no he hecho nada! —empecé a gritar.

Vocabulario 15

Me lo bebí. I drank it.

"Lo mejor para la resaca es el café". "The best thing for a hangover is coffee."

puse las botellas de cerveza vacías en la basura. I put the empty beer bottles in the trash.

barrí el suelo. I swept the floor.

La ducha me hizo bien. The shower did me good.

se me pasó el dolor de cabeza. My headache went away.

Le voy a comprar el mejor ramo de flores. I'm going to buy her the best bouquet of flowers.

quiero pedirle perdón. I want to apologize.

tan bonito como este. As beautiful as this one.

El hombre detrás de mí en la cola tosió. The man behind me on the queue coughed.

¡Basta de charla! Enough talk!

¡Tenemos prisa! We are in a hurry!

la caja del supermercado no es el mejor lugar para charlar. The supermarket cash register is not the best place to chat.

Tenemos bolsas especiales para los ramos de flores. We have special bags for bouquets.

hay una oferta. There is an offer.

¡Qué suerte tiene tu novia! Your girlfriend is so lucky!

un jarrón. A vase.

¡Yo no he hecho nada! I haven´t done anything!

Me quité los pantalones vaqueros. I took off my jeans.

No suelo llevar corbata. I don't usually wear a tie.

La corbata negra solo me la pongo en funerales. I only wear the black tie at funerals.

"¡Parezco un inocente vendedor de seguros!", me dije. "I look like an innocent insurance salesman," I told myself.

Mariano dejó de leer el periódico y me miró. Mariano stopped reading the newspaper and looked at me.

desde la cabeza hasta los pies. From head to toe.

Yo te acompaño. ¡Vamos! I will accompany you. Let's go!

yo sé dónde está. I know where it is.

al otro lado. At the other side.

anunció mi llegada solemnemente. He announced my arrival solemnly.

Ya puedes volver a tu trabajo. You can go back to your work

orgulloso de haber cumplido su misión. Proud of having fulfilled his mission.

sudando. Sweating.

Viéndome tan nervioso, el director intentó tranquilizarme. Seeing me so nervous, the director tried to reassure me.

se sacó una foto del bolsillo de la chaqueta y me la enseñó. He took a picture from his jacket pocket and showed it to me.

En el centro del bar vi una figura oscura, gris, llevando una gran bolsa negra de plástico. In the center of the bar I saw a dark, gray figure, carrying a large black plastic bag.

el tipo lleva una capucha que le cubre parte de la cabeza. The guy is wearing a hood that covers part of his head.

16. Fluidez en 30 días

—Tranquilo, William, tranquilo, ya sabemos que tú no eres el tipo de la fotografía —me dijo el director, sonriendo—. Tú eres más bajo y estás mucho más gordo que él. Es obvio que no eres tú.

Yo no dije nada, **pero me puse rojo. Me puse rojo como un tomate**.

—**¿Estás seguro de que no conoces a este tipo? Míralo bien, chico** —me dijo otra vez Gálvez, el policía, **señalándome con el dedo la figura gris de la fotografía**.
—La foto es muy oscura. No veo bien la cara. ¡No sé quién es! —**le volví a decir yo**.
—Sí, es una foto muy oscura, es verdad —dijo el director—. La tomó una cámara de seguridad el jueves por la noche, la noche antes del concurso de tortillas. Hemos descubierto que

esa noche **dos individuos forzaron la puerta principal y entraron en la escuela.**

—¿Qué? ¿Cómo? —exclamé yo, muy sorprendido.

—Hemos identificado a uno de ellos. Se llama Edoardo Pasta.

—dijo el inspector Gálvez, cogiendo su taza de café de nuevo y volviéndose a sentar en el sillón.

—¿Edoardo? ¿Quiere decir…? —empecé a decir yo.

—¡Exacto! ¡Edoardo, su compañero de clase! —me interrumpió el director—. Ha sido fácil identificarlo: **perdió su teléfono móvil esa noche. Lo encontramos en el suelo de uno de los baños.** Por eso sabemos que él fue uno de los individuos que entraron esa noche en la escuela.

Me sorprendí mucho al escuchar las palabras del director. **¿Edoardo un ladrón? El chico tan fascinante** de la clase de español, ¿un ladrón?

—¿Edoardo? ¿Edoardo entró en la escuela para robar? —pregunté yo.

—**Edoardo y un cómplice que todavía no hemos identificado** —me contestó Gálvez, llevándose la taza de café a la boca.

Yo miré al director de la escuela. No dije nada, pero recuerdo que en ese momento pensé: "**¡Qué raro!** ¿Edoardo entró en la escuela para robar? ¡No lo entiendo! ¡Edoardo es muy rico!

Edoardo no tiene necesidad de robar. ¡Tiene mucho dinero! Siempre lleva ropa muy elegante, come en buenos restaurantes, tiene un buen coche..."

Yo no dije nada, pero **el director de la escuela leyó mis pensamientos**.

—¡Papel higiénico! Edoardo y su cómplice no robaron dinero. ¡Robaron papel higiénico! —me dijo.
—¿Qué? ¿Cómo? ¿Papel higiénico? —exclamé yo.
—Robaron todo el papel higiénico de la escuela —repitió el director—. **Primero se llevaron el papel higiénico de los baños** y luego fueron a la recepción y cogieron **todo el papel higiénico allí almacenado**: 20 kilos de rollos de papel higiénico. **Se lo llevaron todo.** Mariano nunca cierra con llave la recepción.

El inspector Gálvez volvió a levantarse del sillón, señalando con un dedo al tipo de la fotografía oscura.

—Esa bolsa, chico. ¿La ves? ¿Ves la bolsa negra que lleva el tipo de la foto? Está llena de papel higiénico. Entre los dos se llevaron más de 20 kilos de rollos.

Yo miré de nuevo la fotografía.

—No entiendo —dije yo—. ¿Por qué robaron el papel higiénico?

Entonces, sin decir nada, el director abrió el primer cajón de la mesa, sacó un libro y me lo dio.

—¿Lo has leído? —me preguntó—. **¿Has leído este libro alguna vez?**

Cogí el libro con la mano derecha y leí el título:

FLUIDEZ EN 30 DÍAS
CÓMO APRENDER CUALQUIER IDIOMA
EN 30 DÍAS Y SIN ESFUERZO

—No, no lo he leído. No he visto este libro en mi vida —le contesté yo.

—**Ha sido un superventas este año**. Mucha gente lo ha leído. Sus autores sostienen que con su método **se puede aprender cualquier idioma en treinta días, sin estudiar y sin ir a clase** —me explicó el director.

—¡Ah! ¡Vale, vale! Sí, ya he oído hablar de este tipo de métodos para aprender idiomas en solo treinta días y **sin esfuerzo** —dije yo, mirando **la cubierta del libro**—. Pero estoy confundido. No entiendo por qué...

—¿Sabes quién lo ha escrito? Mira los nombres de los autores —me interrumpió el director.

Yo volví a mirar la cubierta del libro.

—E. Pasta y B. Figo —leí en voz alta—. ¿E. Pasta? **Me suena ese nombre**.
—Se trata de Eduardo Pasta, tu compañero de clase —dijo de repente el inspector Gálvez desde el rincón.

Yo volví a mirar el libro, todavía en mi mano derecha. Luego miré al director y después miré al policía. Ellos me miraron a mí. Nadie dijo nada. Durante unos segundos, nadie dijo nada.

—¡Sabotaje! —gritó finalmente el director de la escuela de español—. **¡Es un sabotaje para acabar con nosotros!**
—No entiendo… —dije yo tímidamente.

El inspector Gálvez me miró y vino hacia mí.

—El director tiene razón. Es un sabotaje. Edoardo Pasta y su cómplice robaron el jueves por la noche todo el papel higiénico de la escuela para causar una situación de caos al día siguiente, durante el concurso de tortillas.

—¿Qué? ¿Cómo? ¿Por qué? —pregunté yo, cada vez más confundido.

—**Probablemente pensaron que muchas de las tortillas hechas por los estudiantes de español provocarían vómitos y diarreas** –me contestó el policía.

—**¡Y acertaron!** Muchos estudiantes hicieron tortillas con ingredientes absurdos: Aceite de cacahuete, pimientos, zanahorias, frijoles, queso, chorizo, pollo, atún, aceitunas, mayonesa… ¡Kétchup! —gritó el director, mirándome a los ojos directamente.

Yo recordé mi tortilla y me puse muy rojo otra vez. Me puse rojo como un tomate.

—**¡Algunas tortillas eran bombas de relojería!** A los diez minutos de empezar el concurso, muchos estudiantes comenzaron a tener los primeros síntomas: fiebre, dolor de cabeza, dolor de estómago, diarrea, vómitos… Todos corrieron a los servicios. **Se formaron colas larguísimas delante de los baños** –dijo Gálvez.

Recordé las escenas que yo mismo vi en el bar la tarde anterior: los estudiantes corriendo por los pasillos, los gritos, el miedo, el pánico…

—**Edoardo y su cómplice pensaron, y con razón, que muchos estudiantes tendrían que ir al baño urgentemente** –continuó el policía–. Por eso robaron todo el papel higiénico de la escuela: para crear el pánico.

—¡Esta ha sido la primera y la última vez que organizamos un concurso de comida en la escuela! **¡Nunca más!** ¡Nunca más! –gritó el director, muy enfadado.

—Pero no entiendo por qué motivo lo hicieron –dije yo tímidamente, en voz baja.

—¡El motivo está muy claro! –volvió a gritar el policía–. **¡Para desprestigiar a la escuela** y hacer publicidad de su método para aprender idiomas en treinta días!

—¡Y lo han conseguido! –gritó el director, levantándose de la silla–. ¡Nuestros estudiantes están muy enfadados y muchos no quieren continuar estudiando con nosotros! ¡Dicen que no somos profesionales!

—El vídeo en YouTube ha sido muy importante para desprestigiar a la escuela —dijo el inspector Gálvez—. Edoardo y su cómplice grabaron un vídeo y luego lo subieron a YouTube. El vídeo se ha hecho viral en pocas horas. Mucha gente en todo el mundo ha visto las escenas de pánico en el bar, los estudiantes enfermos, las colas delante de los baños, **la falta de papel higiénico**...

Poco a poco empecé a entender la situación.

—¡Una ocasión perfecta para **burlarse** de las escuelas de idiomas "tradicionales" y hacer publicidad de su método para aprender una lengua en treinta días, sin esfuerzo, sin clases y sin profesores! —dije yo, mirando de nuevo el libro, todavía en mis manos.

—¡Exacto, William! Veo que empiezas a entender lo que ha pasado —me dijo el director un poco más tranquilo, volviéndose a sentar en la silla detrás de su mesa—. Sin embargo, todavía no hemos descubierto quién es el tipo que ayudó a Edoardo a forzar la puerta y que entró con él en la escuela la noche antes del concurso de tortillas para robar el papel higiénico.

—¿Estás seguro de que no lo conoces, chico? Mira bien la foto -insistió el policía otra vez.

—No, no lo conozco, no sé quién es. Ya se lo he dicho antes. ¡No he visto nunca a este tipo! -le contesté.

—**Sospechamos que el cómplice de Eduardo es el coautor del libro, pero todavía no estamos seguros** —me dijo el director.

Yo volví a leer el nombre del coautor del libro: B. Figo.

—¿Sabes qué puede signficar esa "B"? ¿Conoces a alguien con ese nombre? Piensa en tus amigos, piensa en la gente que has conocido recientemente. **¿No has conocido a nadie últimamente cuyo nombre empieza por B?** -me preguntó el inspector Gálvez, mirándome fijamente a los ojos.

—No, creo que no -le contesté yo.

—Hay muchos nombres que empiezan por B. La B puede ser Bonifacio o quizás Bartolo o tal vez Benjamín... —me dijo el director.

—No, lo siento, no conozco a nadie con esos nombres -le volví a decir yo.

—Puede ser Bartolomé o quizás Basilio o tal vez Baldomero... —insistió el director.

—No, tampoco, lo siento.

—¿No conoces a nadie con un nombre que empieza por B? ¿Estás seguro, chico? —me preguntó Gálvez.

—No, lo siento, no conozco a nadie con esos nombres.

—¿Baltasar? ¿Bruno? ¿Bautista? -me dijo de nuevo el director.

—No, lo siento...

—¿Bastion? ¿Brandon? ¿Brian? -continuó el director.

—¿Puedo irme? -le pregunté al policía.

—Sí, puedes irte -me contestó Gálvez—. Pero si recuerdas algo, cualquier cosa, llámanos inmediatamente. **Tenemos que detener a ese sinvergüenza.**

—¿Benito? –continuó el director, pero no le contesté.

Abrí la puerta del despacho y antes de salir saludé a los dos hombres diciendo: "¡Hasta luego! ¡Si recuerdo algo importante se lo diré!".

Cuando salí de la escuela, ya en la calle, me quité la corbata, me quité la chaqueta y me sentí mucho mejor.

Vocabulario 16

pero me puse rojo. Me puse rojo como un tomate. But I blushed. I turned red like a tomato.

¿Estás seguro de que no conoces a este tipo? Are you sure you don´t know this guy?

Míralo bien, chico. Take a good look at it, young man.

señalándome con el dedo la figura gris de la fotografía. Pointing with his finger at the gray figure in the photograph.

le volví a decir yo. I told him again.

dos individuos forzaron la puerta principal y entraron en la escuela. Two individuals forced the main door and entered the school.

perdió su teléfono móvil esa noche. Lo encontramos en el suelo de uno de los baños. He lost his cell phone that night. We found it on the floor of one of the bathrooms.

¿Edoardo un ladrón? Edoardo a thief?

El chico tan fascinante. The guy (who is) so fascinating.

Edoardo y un cómplice que todavía no hemos identificado. Edoardo and an accomplice that we have not yet identified.

¡Qué raro! That's weird!

Edoardo no tiene necesidad de robar. Edoardo has no need to steal.

el director de la escuela leyó mis pensamientos. The director of the school read my thoughts.

Primero se llevaron el papel higiénico de los baños. First, they took the toilet paper from the bathrooms.

todo el papel higiénico allí almacenado. All the toilet paper stored there.

Se lo llevaron todo. They took everything.

¿Has leído este libro alguna vez? Have you ever read this book?

Ha sido un superventas este año. It has been a bestseller this year.

se puede aprender cualquier idioma en treinta días, sin estudiar y sin ir a clase. You can learn any language in thirty days, without studying and without going to class.

sin esfuerzo. Effortlessly.

la cubierta del libro. The cover of the book.

Me suena ese nombre. That name sounds familiar to me.

¡Es un sabotaje para acabar con nosotros! It's a sabotage, to do us in (to finish us)!

Probablemente pensaron que muchas de las tortillas hechas por los estudiantes de español provocarían vómitos y diarreas. They probably thought that a lot of the tortillas made by the Spanish students would cause vomiting and diarrhea.

¡Y acertaron! And they guessed right!

Algunas tortillas eran bombas de relojería. Some of the tortillas were time bombs.

—¿Cómo? ¿Qué? No te entiendo –me dijo el chico guapo, con los ojos abiertos como platos.

— *To po polsku. Mówisz po polsku?***

—¿Cómo? ¿Qué? Perdona, Guillermito, no te entiendo –me dijo el chico guapo otra vez.

— *Nie mówisz po polsku, prawda?**** –le dije yo de nuevo, sonriendo y mirándole a los ojos.

—No te entiendo, Guillermo. ¿Puedes cerrar la puerta, por favor? **Tengo que irme. Tengo prisa.** Tengo que coger el tren.

Finalmente, quité el pie de la puerta y dejé partir el ascensor. Cuando me quedé solo, me sentí feliz y muy contento. Pensé: "Le voy a decir a Lola que el chico guapo no habla polaco y que probablemente no habla ninguna otra lengua. **Le voy a decir que nos ha mentido**, que nadie puede aprender a hablar un idioma en treinta días. ¡También le voy a decir lo del papel higiénico! Lola tiene que saber que el chico guapo **nos ha engañado a los dos**, que nos ha tomado el pelo a los dos, a ella y a mí".

Aquella noche, antes de acostarme, escribí una nota para Lola y **la dejé encima de la mesa de la cocina**:

Lola, tenemos que hablar

Vocabulario 17

* En polaco: *¡Buen viaje!*

** En polaco: *es polaco, Borja, es polaco. ¿Hablas polaco?*

*** En polaco: *Tú no hablas polaco, ¿verdad?*

encendí la luz de la escalera. I turned on the light to the stairway.

saqué del bolsillo la llave del piso. I got the key to the flat out from my pocket.

Alguien, desde dentro, la abrió. Someone opened it from the inside.

Entonces vi las maletas. Then I saw the suitcases.

Me ha surgido un problema personal. I've had a personal problem come up.

¿Quieres decir que te mudas a otra casa? You mean you're moving somewhere else (to another house)?

metiéndolas deprisa en el ascensor. Putting them quickly in the elevator.

apretando rápidamente el botón B, el que lleva a la Planta Baja del edificio. Quickly pressing button B, the one that goes to the Ground Floor of the building.

Vocabulario 16

pero me puse rojo. Me puse rojo como un tomate. But I blushed. I turned red like a tomato.

¿Estás seguro de que no conoces a este tipo? Are you sure you don´t know this guy?

Míralo bien, chico. Take a good look at it, young man.

señalándome con el dedo la figura gris de la fotografía. Pointing with his finger at the gray figure in the photograph.

le volví a decir yo. I told him again.

dos individuos forzaron la puerta principal y entraron en la escuela. Two individuals forced the main door and entered the school.

perdió su teléfono móvil esa noche. Lo encontramos en el suelo de uno de los baños. He lost his cell phone that night. We found it on the floor of one of the bathrooms.

¿Edoardo un ladrón? Edoardo a thief?

El chico tan fascinante. The guy (who is) so fascinating.

Edoardo y un cómplice que todavía no hemos identificado. Edoardo and an accomplice that we have not yet identified.

¡Qué raro! That's weird!

Edoardo no tiene necesidad de robar. Edoardo has no need to steal.

el director de la escuela leyó mis pensamientos. The director of the school read my thoughts.

Primero se llevaron el papel higiénico de los baños. First, they took the toilet paper from the bathrooms.

todo el papel higiénico allí almacenado. All the toilet paper stored there.

Se lo llevaron todo. They took everything.

¿Has leído este libro alguna vez? Have you ever read this book?

Ha sido un superventas este año. It has been a bestseller this year.

se puede aprender cualquier idioma en treinta días, sin estudiar y sin ir a clase. You can learn any language in thirty days, without studying and without going to class.

sin esfuerzo. Effortlessly.

la cubierta del libro. The cover of the book.

Me suena ese nombre. That name sounds familiar to me.

¡Es un sabotaje para acabar con nosotros! It's a sabotage, to do us in (to finish us)!

Probablemente pensaron que muchas de las tortillas hechas por los estudiantes de español provocarían vómitos y diarreas. They probably thought that a lot of the tortillas made by the Spanish students would cause vomiting and diarrhea.

¡Y acertaron! And they guessed right!

Algunas tortillas eran bombas de relojería. Some of the tortillas were time bombs.

Se formaron colas larguísimas delante de los baños. Long lines were formed in front of the bathrooms.

Edoardo y su cómplice pensaron, y con razón, que muchos estudiantes tendrían que ir al baño urgentemente. Edoardo and his accomplice thought, and rightly so, that many students would have to go to the bathroom urgently.

¡Nunca más! Never again!

Para desprestigiar a la escuela. To discredit the school.

la falta de papel higiénico. The lack of toilet paper.

Burlarse. Make fun.

Sospechamos que el cómplice de Eduardo es el coautor del libro, pero todavía no estamos seguros. We suspect that Eduardo's accomplice is the co-author of the book, but we're still not sure.

¿No has conocido a nadie últimamente cuyo nombre empieza por B? You haven't met anyone lately whose name starts with a B?

Tenemos que detener a ese sinvergüenza. We have to arrest that scoundrel.

17. ¿Hablas polaco?

Aquella noche volví a casa muy tarde. Creo que llegué a las nueve y media o quizás a las diez. Salí del ascensor, **encendí la luz de la escalera** y **saqué del bolsillo la llave del piso**. Sin embargo, no tuve que abrir la puerta. **Alguien, desde dentro, la abrió.**

—¡Borja! –dije yo, soprendido de ver al chico guapo. El chico guapo no suele estar en casa el sábado por la noche. Normalmente sale con sus amigos.
—¡Guillermito! ¡Hola! –me dijo él, también muy sorprendido de verme llegar tan tarde. Normalmente yo vuelvo a casa muy temprano.
—¿Sales? –le pregunté yo.
—¡Sí, sí, sí! ¡Salgo, salgo! –me contestó nervioso el chico guapo.

Entonces vi las maletas.

—¿Te vas de vacaciones? –le pregunté yo.
—¿De vacaciones? ¡No, no, no! –me contestó el chico guapo, en voz baja, muy nervioso.
—¿Entonces? ¿Dónde vas? ¿Por qué llevas tus maletas? –le pregunté yo otra vez.
—Tengo que irme, lo siento, tengo que irme. **Me ha surgido un problema personal.** Tengo que volver a mi casa.
—¿Quieres decir que te vas para siempre? ¿Quieres decir que no vas a volver? **¿Quieres decir que te mudas a otra casa?**
—Sí, sí, lo siento, tengo que irme, tengo que irme. Me ha surgido un problema de repente. Tengo que volver a casa de mis padres –dijo él, cogiendo sus dos maletas y **metiéndolas deprisa en el ascensor.**
—¡Adiós! –me dijo el chico guapo, **apretando rápidamente el botón B, el que lleva a la Planta Baja del edificio.**

Pero yo fui más rápido que él. **Con el pie derecho bloqueé la puerta del ascensor y la mantuve abierta unos segundos.**

—*Szczęśliwej podróży!** –le dije sonriendo, **mirándole a los ojos.**
—¿Qué? –me contestó él, **sin comprender.**
— *Szczęśliwej podróży!** –le dije otra vez.

Con el pie derecho bloqueé la puerta del ascensor y la mantuve abierta unos segundos. With my right foot I blocked the elevator door and kept it open for a few seconds.

mirándole a los ojos. Looking at him in the eyes.

sin comprender. Without understanding

Tengo que irme. Tengo prisa. I have to go. I'm in a hurry.

Finalmente, quité el pie de la puerta y dejé partir el ascensor. Finally, I took my foot off the door and let the elevator go.

Le voy a decir que nos ha mentido. I'll tell her that he lied to us.

nos ha engañado a los dos. He tricked the both of us.

la dejé encima de la mesa de la cocina. I left it on the kitchen table.

18. Todavía enamorado

La puerta de mi dormitorio se abrió de repente y **la habitación se iluminó con la luz del pasillo. Yo me desperté sobresaltado**. Abrí los ojos y vi una figura oscura mirándome.

—¿William? ¿Duermes?

Reconocí la voz de Lola.

—Antes sí, ahora no –le contesté yo **de malhumor**—. ¿Qué hora es?
—Son las seis y media de la mañana. He vuelto ahora del trabajo. He leído tu nota, la nota que has dejado en la mesa de la cocina.
—Vale, luego hablamos, Lola, luego hablamos. Ahora es muy tarde, quiero dormir, estoy muy cansado.

—Has escrito que tenemos que hablar. ¿De qué tenemos que hablar? ¿Qué ha pasado?

—Más tarde hablamos, Lola, por favor, más tarde te explico todo. Ahora estoy muy cansado. Quiero dormir un poco más. Es muy temprano –le dije yo, cerrando los ojos.

—Estoy preocupada, Will. He visto la habitación de Borja. **¡Está vacía! ¡No hay nada!**

—Se ha ido, Lola. **Ha hecho sus maletas, ha cogido sus cosas y se ha ido** –le dije yo, abriendo los ojos otra vez.

—¿Se ha ido? ¿Por qué? ¿Qué le ha pasado? ¿Está bien? ¿Lo has visto? ¿Has hablado con él? ¿Por qué se ha ido? ¿Va a volver?

—No, no va a volver. **Después te lo cuento**, Lola, después te lo cuento todo. **Ahora tengo sueño**. Luego hablamos.

—Pero...

—¡Más tarde hablamos con calma! ¿No estás cansada? ¡Vamos a dormir! Tenemos que dormir. Luego hablamos.

—Vale, luego hablamos. Yo también estoy cansada y tengo sueño, pero estoy muy preocupada. **No sé si voy a poder dormir** –dijo Lola, saliendo de la habitación y cerrando la puerta.

Cuando me quedé solo de nuevo en mi dormitorio, a oscuras, **empecé a dar vueltas en la cama y no pude volver a dormirme**. Pensé: "¿Cómo le explico a Lola lo que ha pasado?

¿Cómo le digo que el chico guapo nos ha tomado el pelo? ¿Cómo le cuento que su método para aprender idiomas en treinta días es **una superchería**? ¿Cómo le digo que él y Edoardo robaron todo el papel higiénico para desprestigiar a la escuela y hacer publicidad de su ridículo método para aprender una lengua en 30 días? **Si se lo digo, a Lola le va a doler mucho. Se va a poner muy triste y yo no quiero verla triste".**

Tengo la sospecha de que Lola se ha enamorado del chico guapo, pero **a pesar de todo no quiero hacerla sufrir.** A pesar de todo la quiero. A pesar de todo yo todavía estoy enamorado de ella.

Vocabulario 18

la habitación se iluminó con la luz del pasillo. The room was illuminated with the light from the corridor.

Yo me desperté sobresaltado. I woke up startled.

de malhumor. In a bad mood.

¡Está vacía! ¡No hay nada! It's empty! There's nothing there!

Ha hecho sus maletas, ha cogido sus cosas y se ha ido. He has packed his bags, taken his things and left.

Después te lo cuento. I'll tell you later.

Ahora tengo sueño. Right now I'm sleepy.

No sé si voy a poder dormir. I don´t know whether I'll be able to sleep.

empecé a dar vueltas en la cama y no pude volver a dormirme. I started tossing and turning in bed and couldn't go back to sleep.

una superchería. A fraud

Si se lo digo, a Lola le va a doler mucho. If I tell her, Lola is going to be really hurt.

Se va a poner muy triste y yo no quiero verla triste. She's going to be so sad, and I don't want to see her sad.

a pesar de todo no quiero hacerla sufrir. In spite of everything, I don't want to make her suffer.

19. Un secreto

Como no podía dormir, me levanté de la cama. **Era muy temprano.** Miré por la ventana. **Fuera todavía estaba oscuro. Aún era de noche.** Estaba muy preocupado. No sabía qué decirle a Lola. **No sabía cómo explicarle quién era realmente el chico guapo.**

Sin embargo, no tuve que decirle nada. Cuando salí de mi dormitorio, Lola ya lo sabía todo. **La encontré sentada en el sofá del salón, viendo la televisión.** Estaba viendo las noticias.

—¿Qué haces **tan temprano** viendo la tele? Todavía no es de día, aún no ha salido el sol –le dije yo, **sentándome a su lado**.
—¡Shhhhh! **¡Cállate!** ¡Están hablando de Borja! –me gritó ella, **poniéndose un dedo en los labios para pedirme silencio**.

Lola miraba la televisión con los ojos muy abiertos, con los ojos abiertos como platos.

Entonces giré la cabeza y yo también miré hacia la pantalla de la televisión. **Me llevé un sobresalto**: ¡El chico guapo! ¡En la televisión! ¡Allí estaba el chico guapo! ¡En la televisión! ¡Entre dos policías!

—¿Qué ha pasado? –le pregunté a Lola.
—**Lo han detenido en el aeropuerto cuando intentaba salir del país** –me dijo ella en voz baja, sin mirarme.
—¿Qué? ¿Cómo? ¿Por qué? –le pregunté yo.

Lola no me contestó. Solo dijo "¡shhhhhhh!!" y **volvió a pedirme silencio**. Quería escuchar lo que estaban diciendo en la tele. **Me callé y yo también me puse a ver la televisión**. En ese momento, un periodista estaba hablando en directo desde el aeropuerto de Madrid:

*"Esta noche ha ocurrido algo **bastante extraño**. La policía del aeropuerto nos ha comunicado que han detenido a un individuo **cuando estaba a punto de tomar un avión con destino a Italia**. Nos han informado de que **se trata de un individuo con doble nacionalidad**, española e italiana, acusado de robar 20 kilos de papel higiénico. Por el momento no sabemos nada más".*

Luego volvió a aparecer la foto de Borja entre dos policías del aeropuerto, **detenido, con las manos esposadas**.

—¿Has oído, Lola? Han dicho que Borja tiene la doble nacionalidad: es italiano y español. **No es extranjero, como él decía**. Eso quiere decir que no aprendió a hablar español en treinta días, como nos dijo. Es español. **Eso quiere decir que nos mintió**, que nos tomó el pelo cuando nos dijo que era posible aprender un idioma en treinta días.

Lola no me contestó, no me dijo nada. Continuó mirando la televisión, en silencio, aunque ya no hablaban del chico guapo. Ahora hablaban del tiempo. Decían que hacía frío, que estaba nublado y que iba a llover todo el día.

—También nos tomó el pelo cuando nos dijo que hablaba polaco —continué yo hablando—. Ayer fui al supermercado y la chica de la caja me enseñó algunas frases sencillas en su idioma. Luego, un poco más tarde, me encontré con Borja y le dije esas frases. Eran frases muy sencillas. Sin embargo, él no me entendió. **Supongo que nos tomó el pelo y que en realidad no habla tantas lenguas como decía**.

Lola no me contestó. Simplemente apagó la televisión. **Fuera amanecía. Ya no era tan oscuro como antes.** Los dos nos quedamos un rato sentados en el sofá en silencio, sin decir nada y con la televisión apagada. Yo no le dije nada más y ella tampoco me dijo nada. Yo no sabía qué decirle y supongo que ella tampoco sabía qué decirme. **Creo que los dos nos sentíamos un poco tontos y nos daba vergüenza reconocer que el chico guapo nos había tomado el pelo.**

—¿Quieres un té? –le pregunté yo un rato después, rompiendo el silencio.

—Vale, sí, un té con galletas de chocolate. ¿Hay galletas de chocolate? Tengo hambre, tengo mucha hambre –me dijo ella. Estaba nerviosa.

—Espero que sí. Voy a mirar en el armario de la cocina –le dije yo, levantándome del sofá–. ¡Yo también tengo mucha hambre! –le dije. Yo también estaba nervioso.

—¡Espera! –dijo Lola, **cogiéndome la mano**–. **¿Me perdonas?** ¡Perdóname, Will, por favor!

Volví a sentarme en el sofá, a su lado. Estaba muy sorprendido.

—¿Perdonarte? ¿Por qué? ¿Has hecho algo malo, Lola?
—Sí, he hecho algo terrible, Will.

Lola parecía muy triste. Yo la miré a los ojos. No sabía qué decirle.

—¡Tengo un secreto! Tengo que confesarte un secreto, Will.

Tuve miedo. Pensé: "¡Ahora quizás me dice que está enamorada del chico guapo! ¡Tal vez me va a decir que ella y el chico guapo han hecho el amor! ¡Quizás me va a decir que me ha sido infiel! ¡Quizás quiere dejarme! Tal vez ya no quiere ser mi novia".

—¿Un secreto? ¿Tienes un secreto? –le dije yo en voz baja, tímidamente. No podía mirarla a los ojos. Tenía miedo, estaba muy nervioso y muy preocupado.
—Sí, Will, tengo que decirte algo. **Mira, soy yo la que se come todas tus galletas de chocolate.** Esta semana también me he comido todas tus galletas. De hecho, me como siempre todas tus galletas de chocolate. Cada semana me como las galletas que pones en el armario de la cocina y también me como las que escondes en tu habtitación. A veces entro en tu habitación cuando tú no estás y me como todas las galletas que encuentro. Es terrible, lo sé, pero no puedo evitarlo. **Es más fuerte que yo.** ¡Lo siento! ¡Lo siento mucho! Yo sé que son tus

galletas de chocolate, pero **no puedo evitar comérmelas todas**. ¡Perdóname!

—¿Mis galletas de chocolate? ¿Te comes mis galletas de chocolate? ¿Ese es tu secreto?

—¡Lo siento, Will, de verdad, perdóname! –me dijo Lola, **casi llorando**.

—¡No te preocupes, cariño, no me importa!

—¿Me perdonas? ¿De verdad?

—La verdad es que siempre he sabido que te comías mis galletas, Lola. No es una noticia para mí. Pero no me importa, cariño, **no me importa en absoluto.** Puedes comerte todas mis galletas de chocolate. **¡Mis galletas son tus galletas!**

—¡Jajaja! Eres muy divertido, Will, eres muy gracioso –dijo Lola sonriendo—. Siempre me haces reír. **Por eso me enamoré de ti, por eso te quiero: porque me haces reír.** Me encanta tu sentido del humor. ¡Eres muy gracioso! ¡Eres muy divertido!

Yo pensé: "¡Yo no quiero ser divertido! ¡Yo no quiero ser gracioso! ¡Yo quiero ser fascinante!". Sin embargo, no le dije nada. Solo la abracé y la besé en los labios. Luego hicimos el amor un par de horas en el sofá del salón, hasta que alguien llamó a la puerta y tuvimos que parar.

¡Riiiiiiiiing!

Me levanté del sofá, me puse la ropa y fui a abrir. Era Marisa, la cajera del supermercado. **Traía dos maletas enormes.**

Vocabulario 19

Era muy temprano. It was very early.

Fuera todavía estaba oscuro. It was still dark outside.

Aún era de noche. It was still night.

No sabía cómo explicarle quién era realmente el chico guapo. I didn't know how to explain who the handsome guy really was.

La encontré sentada en el sofá del salón, viendo la televisión. I found her sitting on the living room couch, watching television.

tan temprano. So early.

sentándome a su lado. Sitting down next to her.

¡Cállate! Be quiet!

poniéndose un dedo en los labios para pedirme silencio. Putting a finger on her lips to tell me to be quiet.

Me llevé un sobresalto. I gave a start (I was startled, I did a double-take).

Lo han detenido en el aeropuerto cuando intentaba salir del país. He was arrested at the airport when he was trying to leave the country.

volvió a pedirme silencio. She told me again to be quiet.

Me callé y yo también me puse a ver la televisión. I kept quiet and began watching television as well.

bastante extraño. Rather strange.

cuando estaba a punto de tomar un avión con destino a Italia. When he was about to take a plane to Italy.

se trata de un individuo con doble nacionalidad. It is an individual with dual citizenship.

detenido, con las manos esposadas. Arrested, in handcuffs.

No es extranjero, como él decía. He's not a foreigner, like he said he was.

Eso quiere decir que nos mintió. That means he lied to us.

Supongo que nos tomó el pelo y que en realidad no habla tantas lenguas como decía. I guess he put one over on us and that he doesn´t really speak as many languages as he said.

Fuera amanecía. It was dawning outside.

Ya no era tan oscuro como antes. It wasn´t as dark as before.

Creo que los dos nos sentíamos un poco tontos y nos daba vergüenza reconocer que el chico guapo nos había tomado el pelo. I think we both felt a bit silly and we were ashamed to admit that the handsome guy had fooled us.

cogiéndome la mano. Catching me by the hand.

¿Me perdonas? Do you forgive me?

Mira, soy yo la que se come todas tus galletas de chocolate. Look, I'm the one who eats all your chocolate cookies.

Es más fuerte que yo. It's stronger than me.

no puedo evitar comérmelas todas. I can't help but eat them all.

casi llorando. Almost crying.

no me importa en absoluto. I don´t mind at all.

¡Mis galletas son tus galletas! My cookies are your cookies!

Por eso me enamoré de ti, por eso te quiero: porque me haces reír. That's why I fell in love with you, that's why I love you: because you make me laugh.

Me levanté del sofá, me puse la ropa y fui a abrir. I got up from the sofa, put on my clothes and went to open (the door).

Traía dos maletas enormes. She had brought two huge suitcases.

20. ¡Qué suerte!

—¿Vengo demasiado pronto? Si es demasiado temprano, puedo volver más tarde –dijo la chica polaca al verme en pijama. **Yo todavía llevaba puesto el pijama**.
—No te preocupes, Marisa. Puedes pasar –le dije yo–. **Lola y yo estábamos viendo la tele**. ¡Pasa, pasa!

Cogí una de sus maletas y la acompañé hasta el salón, donde Lola nos estaba esperando. Se sorprendió mucho al ver a Marisa y la miró con los ojos muy abiertos, con los ojos abiertos como platos.

—Lola, esta es Marisa. Marisa, esta es Lola –dije yo. **Las dos chicas se miraron de arriba abajo**.
—Encantada, Lola.
—Encantada, Marisa. **Tu cara me parece familiar**. ¿Nos hemos visto antes? ¿Nos conocemos? —le preguntó Lola.

—La has visto muchas veces, cariño –le dije yo. De hecho, siempre que hacemos la compra la ves. Marisa es la cajera del supermercado del barrio.

—¡Ah, sí, es verdad! –dijo ella—. Pero… ¿qué hace aquí?

—Lola, cariño, no he tenido tiempo de decírtelo, pero cuando supe que el chico gua… perdón, **cuando supe que Borja se iba**, recordé que Marisa estaba interesada en alquilar nuestra habitación y entonces la llamé y le pregunté si todavía quería compartir el piso con nosotros. **Me dijo que sí** y yo le dije que se podía mudar enseguida, esta semana. Todo ha sido muy rápido, pero creo que es mejor así. Necesitamos urgentemente a alguien con quien compartir el piso, ¿no te parece? Tú y yo no podemos pagar el alquiler.

—Sí, estoy de acuerdo, pero…

—Sí, ya sé lo que vas a decir, cariño. Vas a decir que lo debería haber consultado contigo antes. Y tienes razón, Lola, tienes razón. Pero todo fue muy rápido. No tuve tiempo de decírtelo. **De todas formas,** Marisa es muy buena chica y estoy seguro de que las dos vais a ser buenas amigas –le dije a Lola.

Hubo un momento de silencio. Lola miró a Marisa. Marisa miró a Lola. Yo las miré a las dos. Ellas me miraron a mí. Durante unos segundos nadie dijo nada.

—Bienvenida, Marisa. –dijo finalmente Lola, con una gran sonrisa—. Ven conmigo, te voy a enseñar tu habitación.

—¡Vale, vamos! –le contestó la chica del supermercado.

Yo respiré aliviado. Finalmente, las cosas parecían ir bien.

Cuando las dos chicas volvieron al salón, Lola traía un libro en las manos. Poniéndolo sobre la mesa, dijo: "Borja se ha dejado un libro olvidado". Yo miré el libro de lejos un par de segundos y enseguida reconocí la portada. Ya la conocía. Supe enseguida qué libro era. Iba a cogerlo cuando **la chica del supermercado se me adelantó y lo cogió antes que yo.**

—"Fluidez en 30 días. Cómo aprender cualquier idioma en 30 días y sin esfuerzo" –dijo la chica del supermercado, leyendo en voz alta el título del libro—. ¡Jajaja! ¡Qué tontería! ¡Nadie puede aprender a hablar un idioma en treinta días! ¡Este libro es una superchería! ¿Quién puede creer que se puede aprender un idioma tan rápido y sin hacer un esfuerzo?

Lola no dijo nada, pero se puso roja, roja como un tomate. Yo sabía por qué, pero tampoco dije nada.

—Yo soy polaca, pero vivo en Madrid desde hace cuatro años –continuó diciendo Marisa—. Vivo y trabajo en Madrid. Hablo español todos los días. Veo la tele en español, oigo la radio en español, tengo muchos amigos españoles y quedo con ellos casi todos los días… ¡Y todavía no hablo español bien! Cometo muchos errores, me olvido de algunas palabras, no entiendo cuando la gente habla muy deprisa o cuando usan expresiones muy coloquiales; nunca estoy segura de si tengo que usar el indefinido o el imperfecto; a menudo no sé qué preposición usar: ¿a? ¿en? ¿por? ¿para? ¡Treinta días! ¡Aprender un idioma en treinta días! ¡Qué ridículo! ¡Jajaja!

Volví a mirar a Lola. Estaba cada vez más roja.

—¡Necesito un novio! ¡Un novio español! Creo que ese es el único modo de aprender español: tener un novio de España. ¡Jajaja! —continuó diciendo Marisa—. El problema es que trabajando todo el día en la caja del supermercado es imposible conocer a nadie. **En el fondo, el trabajo de cajera es muy solitario.** Estás todo el día hablando con gente, pero en realidad estás muy sola. Nadie tiene tiempo para hablar contigo. La gente tiene siempre mucha prisa. La mayoría solo quiere pagar la compra deprisa e irse corriendo. ¡Nadie quiere hablar nunca conmigo! **Así nunca voy a tener novio.** ¡Jajaja!

Lola y yo nos miramos. Sin hablar, sin decirnos nada, nos entendimos. **Los dos pensábamos que Marisa hablaba demasiado.**

—¡Ay, Lola! ¡Qué suerte tienes! Tú tienes mucha suerte de tener un novio tan romántico como William —continuó la chica polaca—. Un novio que te compra flores y que cocina para ti. **¡No recuerdo cuándo fue la última vez que alguien me regaló flores!** Tampoco recuerdo cuando fue la última vez que alguien me dijo "te quiero".

De repente, Marisa estaba triste. **Tenía los ojos húmedos.** Lola y yo nos miramos otra vez. Sin hablar, sin decirnos nada, nos entendimos: Marisa hablaba demasiado, pero era una buena chica.

—¡Ay, Lola! ¡Qué suerte tienes! Tú tienes mucha suerte con William —continuó diciendo Marisa—. Quizás no es muy guapo. Tal vez necesita perder peso. Quizás no viste bien. Quizás no tiene un buen trabajo. Tal vez no gana mucho dinero. Quizás no es muy inteligente... ¡Pero es muy divertido! A mí me encantan los hombres divertidos, los hombres graciosos, los hombres con sentido del humor, los hombres que me hacen reír.

Yo no dije nada, pero pensé: "¡Yo no quiero ser divertido, yo no quiero ser gracioso! ¡Yo quiero ser fascinante!"

—¡William es tan divertido! ¿Verdad, Lola? —continuó Marisa—. Ayer, por ejemplo, vino al supermercado porque quería saber cómo decir algunas frases en polaco. ¡Jajaja! ¿Por qué querías saber aquellas frases en polaco, William? ¿Estás aprendiendo polaco? ¿Quieres aprender polaco? Te aseguro que es un idioma muy difícil y que no lo vas a aprender en 30 días. ¡Jajaja!

—No, no quiero aprender polaco —le contesté yo—. Solo quería saber cómo decir algunas frases en polaco. Es una larga historia. Otro día te la cuento.

—Y además le encanta cocinar, ¿verdad, Lola? Yo soy muy observadora —continuó diciendo Marisa—. Observo mucho a la gente. Me encanta observar a la gente en el supermercado. Se puede saber mucho sobre una persona simplemente observando las cosas que compra. Mirando la compra de alguien yo puedo saber si está contento o si está triste, si está casado, si tiene hijos, si vive solo, si le gusta su trabajo, si está enfermo, si está preocupado, si está enfadado, si quiere perder peso…

Lola y yo volvimos a mirarnos otra vez. Sin decirnos nada, los dos estábamos de acuerdo: Marisa hablaba demasiado.

—¡Me encantaría probar tu tortilla de patatas, William! —me dijo Marisa de repente—. Estoy segura de que haces una tortilla de patatas riquísima, para chuparse los dedos. ¿Verdad, Lola? Estoy segura de que William cocina muy bien, ¿verdad?

Al escuchar la pregunta de Marisa, yo me puse rojo, rojo como un tomate.

—¡Sí, muy bien! ¡Jajaja! —le contestó Lola riendo—. ¡William cocina muy bien! ¡Sus tortillas de patatas son la bomba! ¡Jajaja!
—**¡Lo sabía!** Yo soy muy observadora. Estaba segura de que sabías cocinar muy bien —me dijo Marisa—. **Me encantaría probar tu tortilla de patatas,** William. **¿Puedes hacer una tortilla de patatas para los tres?** ¡Me gustaría mucho probar tu tortilla de patatas!
—Ahora recuerdo que **quizás no hay bastante papel higiénico en el baño** —dijo Lola de repente—. William, si vas más tarde al supermercado, ¿puedes comprar papel higiénico, por favor? Además, si vas a hacer una tortilla de patatas quizás necesitamos más papel higiénico del habitual…

Lola se rió. Se escondió la boca con la mano, pero yo la vi y Marisa también la vio. Yo me puse rojo, rojo como un tomate. La chica polaca nos miró a los dos sin entender nada.

—¿Qué pasa? ¿He dicho algo extraño? ¿He dicho algo divertido?

— No te preocupes, Marisa. Es una larga historia. **Otro día te la cuento** —le dije yo tímidamente, en voz baja.

Un rato después, Marisa dijo que tenía que irse al supermercado. Empezaba a trabajar a las nueve de la mañana y ya eran las ocho y media. **Lola y yo respiramos aliviados porque teníamos ganas de estar solos.**

Ya solos, Lola y yo fuimos a la cocina. Teníamos hambre y queríamos desayunar.

—Willy, ¿has pensado alguna vez en abrir un canal en YouTube? —me dijo Lola de repente, **mientras abría el último paquete de galletas de chocolate que quedaba en el armario de la cocina.**

—¿Un canal en YouTube? ¿Quién? ¿Yo? ¿Estás Loca, Lola? — le dije, mientras preparaba el té para los dos.

—¿Por qué no? Yo creo que puedes tener mucho éxito. Eres muy divertido. Si me gustas a mí, seguramente puedes gustar también a otras personas —me dijo Lola, **metiéndose una galleta en la boca**.

—Creo que estás un poco loca, Lolita. Yo soy muy tímido y YouTube es para gente extrovertida. Además, ¿qué tipo de vídeos puedo hacer yo? Yo no tengo nada interesante que decir. **¿De qué puedo hablar yo?** —le dije, poniendo dos tazas de té en la mesa, una para Lola y otra para mí.

—Puedes hablar de muchas cosas. Por ejemplo, puedes hablar de tu experiencia viviendo en Madrid —me dijo Lola, metiéndose otra galleta de chocolate en la boca. La segunda galleta de chocolate.

—Lola, soy demasiado tímido. **No puedo hacer eso** —le contesté yo, bebiendo un poco de té. Estaba muy caliente.

—Quizás puedes dar consejos sobre cómo vivir en Madrid, sobre los lugares que hay que visitar… Quizás puedes dar consejos prácticos para alquilar un piso o tal vez puedes hacer vídeos sobre las diferencias entre Inglaterra y España —continuó diciendo Lola, metiéndose otra galleta de chocolate en la boca. La tercera.

—No, Lola, soy demasiado tímido. No puedo hacer eso —le dije yo otra vez, bebiendo un poco más de té. Todavía estaba muy caliente.

—¡Tengo una idea! ¡Tengo una idea genial! —gritó Lola de repente—. ¡Puedes dar clases de inglés! ¡Puedes dar clases de inglés en YouTube!

—¿Clases de inglés? ¿Clases de inglés en YouTube? ¿Estás loca? ¿Estás loca, Lola? —le dije yo, **mientras la veía meterse otra galleta más en la boca**. La cuarta.

—¿Por qué no? Hay muchos profesores que dan clase de inglés en YouTube. ¡Si ellos lo hacen, tú también lo puedes hacer, Willy! ¿Por qué no? —insisitió ella.

—Soy muy tímido, Lola. No puedo hacer eso —volví a decirle yo.

—Ya tengo el nombre de tu canal en YouTube: ENGLISH WITH WILLY. **¿Qué te parece?** ¡Es un nombre genial! —exclamó Lola, metiéndose la quinta galleta de chocolate en la boca.

—Imposible, Lola, no puedo, yo no puedo hacer eso. Soy demasiado tímido —le repetí yo una vez más.

—Sí, Will, eres tímido, pero también eres muy divertido y **si a mí me haces reír estoy segura de que también puedes hacer reír a otras personas**. Puedes mezclar la enseñanza del inglés con el humor. Estoy segura de que puedes tener mucho éxito. Piénsalo: ENGLISH WITH WILLY. Puede ser muy divertido.

Mientras la veía comerse otra galleta de chocolate, la sexta, pensé: "Yo no quiero ser divertido, yo quiero ser fascinante", pero no le dije nada. Me llevé la taza a la boca y bebí un poco más de té. **Ya no estaba tan caliente como antes.**

—Además, **tu español es cada vez mejor** —continuó diciendo Lola—. Ahora que hablas español puedes hacer vídeos explicando la gramática inglesa en español, ¿no crees? ¡Hay muchos estudiantes de inglés en España y en Latinoamérica! **Estoy segura de que tendrías muchos seguidores.**

—¿Crees que mi español ha mejorado? ¿De verdad? **¿Lo dices en serio, Lola?** —le pregunté yo, mirándola con los ojos muy abiertos, abiertos como platos. Estaba muy contento.

—¡Por supuesto! Tu español ha mejorado mucho en las últimas semanas. **Ahora incluso sabes usar el imperfecto.**

—**¿Te has dado cuenta? ¿Te has dado cuenta de que puedo usar el imperfecto?** ¡Pensaba que no te habías dado cuenta!

—**¡Por supuesto que me he dado cuenta!** Ahora dices "era", "estaba", "tenía", "iba", "hacía"…

Yo me puse muy contento. Poco a poco mi español estaba mejorando. Todavía no entendía bien la diferencia entre el indefinido y el imperfecto y **todavía cometía muchos errores, pero me daba igual, no me importaba.** Lo importante era que poco a poco mi español estaba mejorando. Yo estaba muy contento.

Estaba tan contento y me sentía tan optimista que, de repente, la idea de abrir un canal en YouTube **no me pareció tan mala idea.** "Puede ser divertido", pensé.

Cogí el paquete de galletas, pero enseguida me di cuenta de que estaba vacío. No quedaban más galletas. **Lola se las había comido todas. Lo volví a dejar sobre la mesa.**

—Lo siento, tenía mucha hambre —me dijo Lola sonriendo. **Tenía los labios manchados de chocolate.** Estaba muy sexi.
—Me gusta ENGLISH WITH WILLY —le dije yo, mientras la besaba—. Si abro un canal en YouTube para dar clase de inglés, ¿tú me puedes ayudar, Lolita?
—¡**Por supuesto,** Guillermito! Tengo muchas ideas. Estoy segura de que puedes tener mucho éxito —me dijo ella, mientras me besaba con sus labios manchados de chocolate.

Fue así que empezó mi carrera como *Youtuber*. Esa es una larga historia. **Otro día la cuento.**

Vocabulario 20

Yo todavía llevaba puesto el pijama. I was still wearing my pajamas.

Lola y yo estábamos viendo la tele. ¡Pasa, pasa! Lola and I were just watching TV. Come in, come in!

Las dos chicas se miraron de arriba abajo. The two girls looked each other up and down.

Tu cara me parece familiar. Your face seems familiar to me.

cuando supe que Borja se iba. When I found out that Borja was leaving.

Me dijo que sí. She said yes.

De todas formas. Anyway.

Yo respiré aliviado. Finalmente, las cosas parecían ir bien. I breathed a sigh of relief. Finally, things seemed to be going well.

la chica del supermercado se me adelantó y lo cogió antes que yo. The girl from the supermarket darted ahead of me and grabbed it before I could.

En el fondo, el trabajo de cajera es muy solitario. When you get right down to it, the work of a cashier is very lonely.

Así nunca voy a tener novio. I'll never get a boyfriend that way.

Los dos pensábamos que Marisa hablaba demasiado. We both thought that Marisa talked too much.

¡No recuerdo cuándo fue la última vez que alguien me regaló flores! I don't remember the last time someone gave me flowers!

Tenía los ojos húmedos. Her eyes were wet.

¡Lo sabía! I knew it!

Me encantaría probar tu tortilla de patatas. I would love to try your potato omelette.

¿Puedes hacer una tortilla de patatas para los tres? Can you make a potato omelette for the three of us?

quizás no hay bastante papel higiénico en el baño. There might not be enough toilet paper in the bathroom.

Otro día te la cuento. I´ll tell you about it another day.

Lola y yo respiramos aliviados porque teníamos ganas de estar solos. Lola and I breathed a sigh of relief because we wanted to be alone.

mientras abría el último paquete de galletas de chocolate que quedaba en el armario de la cocina. While opening the last packet of chocolate cookies that was left in the kitchen cupboard.

metiéndose una galleta en la boca. Putting a cookie in her mouth.

¿De qué puedo hablar yo? What can I talk about?

No puedo hacer eso. I can't do that.

mientras la veía meterse otra galleta más en la boca. While I watched her put another cookie in her mouth.

¿Qué te parece? What do you think?

si a mí me haces reír estoy segura de que también puedes hacer reír a otras personas. If you make me laugh, I'm sure you can make other people laugh, too.

Ya no estaba tan caliente como antes. It (the tea) wasn't as hot as it had been before.

tu español es cada vez mejor. Your Spanish is getting better.

Estoy segura de que tendrías muchos seguidores. I'm sure you would have lots of followers.

¿Lo dices en serio, Lola? Do you mean it, Lola?

Ahora incluso sabes usar el imperfecto. Now you even know how to use the imperfect.

¿Te has dado cuenta? ¿Te has dado cuenta de que puedo usar el imperfecto? You've noticed? You've noticed that I can use the imperfect?

¡Por supuesto que me he dado cuenta! Of course I've noticed!

Yo me puse muy contento. (Suddenly) I was very happy.

todavía cometía muchos errores, pero me daba igual, no me importaba. I was still making a lot of mistakes, but so what? I didn´t mind.

no me pareció tan mala idea. It didn´t seem (to me) like such a bad idea.

Lola se las había comido todas. Lola had eaten them all.

Lo volví a dejar sobre la mesa. I put it back on the table.

Tenía los labios manchados de chocolate. Her lips had chocolate all over them. (Her lips were stained with chocolate.)

Por supuesto. Of course.

Otro día la cuento. I'll tell it some other day.

Fin de
UN HOMBRE FASCINANTE

Remember that **this story is the second book in a series of Spanish Easy Readers called Spanish for Beginners**, whose aim is to help you learn Spanish from the very beginning and reach an intermediate level.

This series is carefully designed to help novice learners revise and consolidate fundamental vocabulary and basic grammar structures studied in any Spanish beginner course.

You can read the first book in this series here:

http://mybook.to/holalola

More Stories To Learn Spanish

Reading this kind of short story (they are called "Lecturas Graduadas" in Spanish) is one of the most efficient and enjoyable ways I know to learn and improve your Spanish.

The language used in these short stories has been adapted according to different levels of difficulty, and will help you revise and consolidate your grammar and vocabulary.

If you would like to read some more stories in Spanish, check our website. We have a few more Spanish short stories that may interest you:

www.1001reasonstolearnspanish.com

Free Online Activities

If you want to learn or improve your Spanish, have a look at our blog. We have many interesting activities and resources (videos, podcasts, online courses, interactive exercises, games, etc) to help you learn or improve your Spanish.

To see all these activities, please go to:

www.1001reasonstolearnspanish.com

Before you go

Before you go, I would like to ask you a favour.

Feedback from my readers is imperative for me, so I can improve and get better at writing stories and creating learning materials for Spanish students.

For that reason, **I would like to ask you to write an honest review for this book on Amazon**. I will read it with most interest and, of course, your opinion will be very useful in helping other Spanish learners decide whether this book is right for them or not.

Thank you!

Juan Fernández

Printed in Great Britain
by Amazon